Direito
Individual
do Trabalho

O GEN | Grupo Editorial Nacional – maior plataforma editorial brasileira no segmento científico, técnico e profissional – publica conteúdos nas áreas de concursos, ciências jurídicas, humanas, exatas, da saúde e sociais aplicadas, além de prover serviços direcionados à educação continuada.

As editoras que integram o GEN, das mais respeitadas no mercado editorial, construíram catálogos inigualáveis, com obras decisivas para a formação acadêmica e o aperfeiçoamento de várias gerações de profissionais e estudantes, tendo se tornado sinônimo de qualidade e seriedade.

A missão do GEN e dos núcleos de conteúdo que o compõem é prover a melhor informação científica e distribuí-la de maneira flexível e conveniente, a preços justos, gerando benefícios e servindo a autores, docentes, livreiros, funcionários, colaboradores e acionistas.

Nosso comportamento ético incondicional e nossa responsabilidade social e ambiental são reforçados pela natureza educacional de nossa atividade e dão sustentabilidade ao crescimento contínuo e à rentabilidade do grupo.

COORDENAÇÃO
Renee do Ó **Souza**

AUTORES
Noemia **Porto**
Ricardo **Lourenço Filho**

Direito Individual do Trabalho

- Os autores deste livro e a editora empenharam seus melhores esforços para assegurar que as informações e os procedimentos apresentados no texto estejam em acordo com os padrões aceitos à época da publicação, e todos os dados foram atualizados pelos autores até a data de fechamento do livro. Entretanto, tendo em conta a evolução das ciências, as atualizações legislativas, as mudanças regulamentares governamentais e o constante fluxo de novas informações sobre os temas que constam do livro, recomendamos enfaticamente que os leitores consultem sempre outras fontes fidedignas, de modo a se certificarem de que as informações contidas no texto estão corretas e de que não houve alterações nas recomendações ou na legislação regulamentadora.
- Fechamento desta edição: *10.01.2022*
- Os autores e a editora se empenharam para citar adequadamente e dar o devido crédito a todos os detentores de direitos autorais de qualquer material utilizado neste livro, dispondo-se a possíveis acertos posteriores caso, inadvertida e involuntariamente, a identificação de algum deles tenha sido omitida.
- **Atendimento ao cliente: (11) 5080-0751 | faleconosco@grupogen.com.br**
- Direitos exclusivos para a língua portuguesa
  Copyright © 2022 *by*
  Editora Forense Ltda.
  Uma editora integrante do GEN | Grupo Editorial Nacional
  Travessa do Ouvidor, 11 – Térreo e 6º andar
  Rio de Janeiro – RJ – 20040-040
  www.grupogen.com.br
- Reservados todos os direitos. É proibida a duplicação ou reprodução deste volume, no todo ou em parte, em quaisquer formas ou por quaisquer meios (eletrônico, mecânico, gravação, fotocópia, distribuição pela Internet ou outros), sem permissão, por escrito, da Editora Forense Ltda.
- Capa: Bruno Sales Zorzetto
- **CIP – BRASIL. CATALOGAÇÃO NA FONTE.**
  SINDICATO NACIONAL DOS EDITORES DE LIVROS, RJ.

P882d

Porto, Noemia
Direito individual do trabalho / Noemia Porto, Ricardo Lourenço Filho; coordenação Renee do Ó Souza. – 1. ed. – Rio de Janeiro: Método, 2022.
216 p. ; 21 cm.   (Método essencial)

Inclui bibliografia
ISBN 978-65-5964-314-1

1. Direito do trabalho – Brasil. I. Lourenço Filho, Ricardo. II. Título. III. Série.

21-75197   CDU: 349.2(81)

Camila Donis Hartmann – Bibliotecária – CRB-7/6472

Lista de abreviaturas

ADPF: Arguição de Descumprimento de Preceito Fundamental

ADI: Ação Direta de Inconstitucionalidade

AIRR: Agravo de Instrumento em Recurso de Revista

ARR: Recurso de Revista com Agravo

CCB: Código Civil Brasileiro

CF: Constituição Federal de 1988

CLT: Consolidação das Leis do Trabalho

ED-RODC: Embargos de Declaração em Recurso Ordinário em Dissídio Coletivo

OIT: Organização Internacional do Trabalho

RE: Recurso Extraordinário

RR: Recurso de Revista

STF: Supremo Tribunal Federal

STJ: Superior Tribunal de Justiça

TST: Tribunal Superior do Trabalho

- SBDI-1/TST: Subseção 1 da Seção Especializada em Dissídios Individuais do TST
- SBDI-2/TST: Subseção 2 da Seção Especializada em Dissídios Individuais do TST
- SDC/TST: Seção Especializada em Dissídios Coletivos
- OJ: Orientação Jurisprudencial

Sumário

Capítulo 1
Noções introdutórias 1
1.1 Conceito 1
1.2 Autonomia 1
1.3 Natureza jurídica e relação com outras ciências e outros ramos do direito 2
1.4 Fundamentos e formação histórica do Direito do Trabalho... 2
    1.4.1 Formação histórica do Direito do Trabalho no Brasil ... 4
1.5 Princípios específicos do Direito do Trabalho 7
    1.5.1 Princípio da proteção (ou tuitivo, ou protetivo) 7
    1.5.2 Norma mais favorável: 7
    1.5.3 Imperatividade das normas trabalhistas 8
    1.5.4 Indisponibilidade dos direitos trabalhistas 8
    1.5.5 Condição mais benéfica 8
    1.5.6 Inalterabilidade contratual lesiva 9
    1.5.7 Intangibilidade contratual objetiva 9
    1.5.8 Intangibilidade salarial 10
    1.5.9 Primazia da realidade sobre a forma 10
    1.5.10 Continuidade da relação de emprego 10
    1.5.11 *In dubio pro operario* 11
1.6 Fontes materiais, formais, autônomas e heterônomas 12
    1.6.1 Hierarquia das fontes 12
1.7 Interpretação e integração 13
1.8 Aplicação da lei material trabalhista no tempo e no espaço.. 14

Capítulo 2
Relação de emprego e seus atores 19
2.1 Relação de trabalho e relação de emprego 19
2.2 Caracterização da relação de emprego 19

2.3 Distinções e figuras afins à relação de emprego 22
2.4 Sujeitos da relação de emprego 27
    2.4.1 O empregado 27
        2.4.1.1 Altos empregados 27
        2.4.1.2 Empregado rural 31
    2.4.2 O empregador 33
        2.4.2.1 Poderes 34
    2.4.3. Grupo econômico 35
    2.4.4 Sucessão trabalhista 37

Capítulo 3
Contrato de trabalho 41

3.1 Contrato de trabalho 41
    3.1.1 Carteira de trabalho e previdência social 44
3.2 Teoria das nulidades no Direito do Trabalho 49
3.3 Classificação dos contratos de trabalho 50
    3.3.1 Contratos por prazo determinado previstos na CLT 51
    3.3.2 Contrato por prazo determinado da Lei nº 9.601/1998.. 52
    3.3.3 Contrato para prestação de trabalho intermitente 52
3.4 Alterações do contrato de trabalho 54
3.5 Suspensão e interrupção do contrato de trabalho 59
    3.5.1 Hipótese controvertida 65
    3.5.2 Causas interruptivas e suspensivas em contratos por prazo determinado 67

Capítulo 4
Terceirização trabalhista 69

4.1 Terceirização trabalhista 69

Capítulo 5
Salário e remuneração 79

5.1 Conceitos e distinções 79
5.2 Características do salário 80
5.3 Formas e modo de pagamento do salário 81
5.4 Pagamento mediante utilidades 82

5.4.1 Caso especial: alimentação 84
5.5 Outras parcelas de natureza salarial 85
5.6 Parcelas sem natureza salarial 88
5.7 Proteções salariais: equiparação salarial 91
5.8 Outras proteções legais ao salário 94

Capítulo 6
Término do contrato de trabalho 97
6.1 Tipologia 97
6.2 Rescisão contratual, sem justa causa, por iniciativa do empregador 98
6.3 Possibilidade de dispensa imotivada de empregado público 100
6.4 Rescisão contratual por justa causa 102
6.5 Rescisão contratual a pedido do empregado (ou pedido de demissão) 108
6.6 Rescisão contratual por culpa recíproca 109
6.7 Rescisão de contrato por prazo determinado 109
6.8 Rescisão contratual por comum acordo 110
6.9 Outras questões 110
6.10 Verbas rescisórias 112
   6.10.1 Aviso prévio 112
      6.10.1.1 Cabimento 112
      6.10.1.2 Irrenunciabilidade por parte do empregado 114
      6.10.1.3 Duração 114
      6.10.1.4 Contagem do prazo 115
      6.10.1.5 Redução da jornada 115
      6.10.1.6 Reconsideração 116
      6.10.1.7 Falta grave no curso do aviso prévio 116
      6.10.1.8 Ausência de aviso prévio 116
      6.10.1.9 Base de cálculo 117
      6.10.1.10 Efeitos do aviso prévio 118
   6.10.2 Fundo de Garantia do Tempo de Serviço (FGTS) 118
   6.10.3 Indenização adicional dos arts. 9º da Lei nº 6.708/1979 e 9º da Lei nº 7.238/1984 122
6.11 Verbas devidas nas principais modalidades de rescisão contratual 123
   6.11.1 Contratos por prazo indeterminado 123

6.11.2 Contratos por prazo determinado 125
6.12 Formalidades da extinção do contrato de trabalho 126
    6.12.1 Assistência 126
    6.12.2 Discriminação e quitação das verbas rescisórias 127
    6.12.3 Forma de pagamento 127
    6.12.4 Compensação 128
    6.12.5 Prazo para cumprimento das obrigações rescisórias ... 128
    6.12.6 Consequência da inobservância do prazo legal 128
    6.12.7 Pagamento das verbas rescisórias incontroversas em juízo 129
6.13 Quitação anual 130
6.14 Dispensas coletivas ou em massa 130
6.15 Rescisão contratual decorrente da adesão a plano de dispensa/demissão voluntária 131

Capítulo 7

Estabilidades e garantias de emprego 133

7.1 Conceito 133
    7.1.1 Estabilidades definitivas 133
    7.1.2 Estabilidades provisórias ou garantias de emprego 135
        7.1.2.1 Dirigente sindical 136
        7.1.2.2 Representante dos empregados na comissão interna de prevenção de acidentes 138
        7.1.2.3 Empregada gestante 139
        7.1.2.4 Empregado que sofre acidente do trabalho ou desenvolve doença do trabalho ou profissional 142
        7.1.2.5 Outras modalidades de garantias de emprego 143

Capítulo 8

Jornada de trabalho 145

8.1 Conceito de jornada de trabalho 145
8.2 Tempo de trabalho efetivo e tempo à disposição 146
    8.2.1 Minutos residuais 146
    8.2.2 Tempo de deslocamento (*horas in itinere*) 147
8.3 Sobreaviso 149

8.4 Jornada extraordinária 150
8.5 Supressão de horas extras habituais 151
8.6 Banco de horas e acordo de compensação 151
   8.6.1 Acordo de compensação de jornada 152
   8.6.2 Banco de horas 152
8.7 Regime 12x36 154
8.8 Regime de tempo parcial 155
8.9 Jornada noturna 156
8.10 Turnos ininterruptos de revezamento 158
8.11 Teletrabalho 160
8.12 Controle da jornada de trabalho 161
8.13 Intervalos 163
   8.13.1 Intervalo intrajornada 164
   8.13.2 Intervalo interjornada 168
8.14 Descanso semanal remunerado e feriados 168

Capítulo 9
Férias 173

9.1 Férias 173
9.2 Concessão das férias 175
9.3 Férias coletivas 176
9.4 Remuneração e abono de férias 177
9.5 Efeitos da rescisão contratual 178
9.6 Prescrição 179

Capítulo 10
Segurança e medicina do trabalho 181

10.1 Introdução 181
10.2 Normas gerais sobre segurança e medicina do trabalho ... 182
10.3 Normas específicas sobre segurança e ambiente de trabalho 183
10.4 Prevenção de acidentes 183
10.5 Equipamentos de proteção individual 183
10.6 Exames médicos e manutenção de programa de saúde, segurança e medicina do trabalho 184

10.7 Adicional de insalubridade.. 184
   10.7.1 Base de cálculo 187
10.8 Adicional de periculosidade... 187
   10.8.1 Base de cálculo 189
   10.8.2 Situações particulares analisadas pela jurisprudência trabalhista 190
10.9 Cumulação dos adicionais de insalubridade e de periculosidade.. 191
10.10 Adicional de penosidade 192

Capítulo 11

Prescrição e decadência 193

11.1 Introdução 193
11.2 Prescrição no Direito do Trabalho 193
11.3 Interrupção, impedimento e suspensão do prazo prescricional... 196
11.4 Prescrição na ação declaratória 197
11.5 Prescrição parcial e prescrição total 198
11.6 Momento de arguição da prescrição 199
11.7 Prescrição intercorrente 200
11.8 Prescrição de ofício 200
11.9 Decadência no Direito do Trabalho 200

Referências.. 203

1

Noções introdutórias

1.1 Conceito

O Direito do Trabalho pode ser conceituado, segundo Maurício Godinho Delgado (2019, p. 49), como

> o complexo de princípios, regras e institutos jurídicos que regulam a relação empregatícia de trabalho e outras relações normativamente especificadas, englobando, também, os institutos, regras e princípios jurídicos concernentes às relações coletivas entre trabalhadores e tomadores de serviços, em especial através de suas associações coletivas.

A expressão *Direito do Trabalho* alcança, portanto, o Direito Individual do Trabalho e o Direito Coletivo do Trabalho.

1.2 Autonomia

O Direito do Trabalho constitui um ramo autônomo do direito porque dispõe de um campo temático específico.

1.3 Natureza jurídica e relação com outras ciências e outros ramos do direito

Como sua base é a relação de emprego, que é, na essência, uma relação entre particulares, o Direito do Trabalho integra o ramo do Direito Privado, ainda que possua diversas normas de caráter imperativo (DELGADO, 2019, p. 86).

O Direito do Trabalho guarda íntima relação com o Direito Constitucional, o Direito Civil (sobretudo no campo das obrigações e dos contratos), os Direitos Humanos, o Direito Internacional (Público e Privado) e o Direito Previdenciário.

Além disso, o trabalho é objeto de estudo de diversas outras disciplinas, como a sociologia, a história, a antropologia e a economia.

1.4 Fundamentos e formação histórica do Direito do Trabalho

O Direito do Trabalho tem, em seu núcleo, a relação de emprego, cuja principal característica é a *subordinação* do empregado ao empregador. Para que haja essa relação de subordinação, o pressuposto é o *trabalho livre* (inexistente em relações de servidão ou escravidão). O uso do *trabalho livre* como elemento fundamental do sistema produtivo da sociedade ocorreu apenas na modernidade, principalmente a partir da *Revolução Industrial*, nos séculos XVII e, sobretudo, XVIII e XIX. Não por acaso, as origens do sindicalismo remetem à Inglaterra e às consequências econômicas, políticas e sociais da Revolução Industrial. A concentração industrial foi percebida também em outros países da Europa e nos Estados Unidos da América.

A formação e a consolidação do Direito do Trabalho decorreram da percepção de que a regulação jurídica então existente para o uso do *trabalho livre* pelo sistema produtivo, isto é, o direito civil, mostrou-se inadequada, conduzindo à ampliação das desigualdades sociais. As relações laborais se transformaram em expressão unilateral de poder por parte do tomador dos serviços. A experiência demonstrou que a ampla liberdade contratual não era (e não é) suficiente para garantir igualdade entre os contratantes (SÜSSEKIND et al., 2003, p. 33).

A história do Direito do Trabalho é marcada, diante desse cenário, pelo reconhecimento do trabalhador como sujeito de direitos, com a subsequente afirmação de que o *trabalho não é mercadoria*. Essa história é caracterizada por intensos conflitos e movimentos sociais, pela formação de sindicatos, de partidos socialistas e também pela deflagração de inúmeras greves, em especial a partir de meados do século XIX e início do século XX.

A institucionalização do Direito do Trabalho ocorreu após a Primeira Guerra Mundial, tendo como marcos jurídicos mais importantes as Constituições do México (1917) e de Weimar (1919) e a criação da Organização Internacional do Trabalho (1919). Houve a incorporação de normas trabalhistas e de outros *direitos sociais* aos ordenamentos jurídicos de diversos países.

O Estado passou, então, a estabelecer regras mínimas para a utilização da força de trabalho, isto é, uma política pública em matéria laboral, dando corpo ao Direito do Trabalho. Foi o momento do chamado *Estado Social*, ou, de acordo com a tradição, *Estado de Bem-Estar Social*. O término da Segunda Guerra Mundial e a queda dos regimes totalitários impulsionaram o aprofundamento da rede de segurida social e trabalhista.

A partir da década de 1970 e, sobretudo, da década de 1980, houve a passagem do Estado social para o *Estado Democrático de Direito*, em que se deu um crescente apelo voltado às condições político-jurídicas de exercício da democracia e da cidadania, inclusive no que diz respeito à efetividade dos direitos sociais.

1.4.1 Formação histórica do Direito do Trabalho no Brasil

A classe trabalhadora brasileira teve sua formação no final do século XIX e início do século XX. Alguns fatores confluíram para isso: a abolição da escravatura (Lei Áurea, de 13 de maio de 1888) permitiu a liberalização da força de trabalho e sua negociação junto aos tomadores de serviços; o declínio das grandes fazendas, com a gradual redução da economia cafeeira, conduziu ao deslocamento de grandes contingentes de trabalhadores aos principais centros urbanos, onde foram constituídas as primeiras indústrias; e os imigrantes, que, não encontrando condições favoráveis nas fazendas de café, dirigiram-se aos centros urbanos, oferecendo sua força laboral.

As incipientes relações de trabalho no Brasil foram marcadas por condições bastante precárias (sobrecarga de trabalho, falta de instalações sanitárias, acidentes etc.). As primeiras indústrias foram também o palco do início da ação coletiva dos trabalhadores, cuja organização em associações era fomentada sobretudo pelas más condições laborais. Diversas greves ocorreram nesse período do final do século XIX até as primeiras duas décadas do século XX. Entre as mais importantes está a greve geral de São Paulo, em 1917.

No plano legislativo, uma das primeiras leis trabalhistas cuidava do labor infantil. O Decreto nº 1.313, de 1891, proibia o trabalho de menores de 12 anos, salvo como aprendiz em fábricas de tecidos, em que a idade mínima era de oito anos. Já o Decreto nº 1.637, de 5 de janeiro de 1907, é considerado a primeira lei de sindicalização do Brasil, tendo assegurado o direito à formação de sindicatos. O trabalho era juridicamente regulado, nesse período, pela figura da locação de serviços, inscrita no Código Civil de 1916.

A atenção do Estado com a "questão social" foi intensificada à época do término da Primeira Guerra Mundial. Em 1919, o Brasil assinou o Tratado de Versalhes, que, além de encerrar oficialmente o conflito mundial, criou a Organização Internacional do Trabalho. Ainda em 1919, foi editada uma lei sobre acidente de trabalho (n° 3.724/1919) e, em 1923, foi promulgada a Lei Elói Chaves (Decreto n° 4.682/1923), criando as Caixas de Aposentadorias e Pensões dos ferroviários. Em 1926, a Constituição de 1891 foi emendada para prever a competência do Congresso Nacional para legislar sobre trabalho (art. 34, inciso XXVIII).

Quando Getúlio Vargas chegou ao poder, pela Revolução de 1930, promoveram-se o reconhecimento e a captação das necessidades imediatas dos trabalhadores, como forma de buscar suporte e legitimação social ao governo. Em contrapartida, houve a repressão das organizações coletivas espontâneas dos trabalhadores.

Diversos direitos foram previstos em lei, podendo-se mencionar, entre outros: Decreto n° 21.417-A/1932, que regulamentava o trabalho da mulher; Decreto n° 21.186/1932, que fixava a jornada de trabalho de oito horas para os comerciários (depois estendida para os industriários); Decreto n° 21.175/1932, que instituía a carteira profissional; Decreto n° 23.103/1933, prevendo férias para empregados em estabelecimentos comerciais e bancários; e a Lei n° 62/1935, que disciplinava o direito à indenização em caso de dispensa sem justa causa do empregado da indústria ou do comércio, bem como previa a estabilidade no emprego a partir de 10 anos de serviço para o mesmo empregador.

Para dar efetividade e garantir o cumprimento da legislação trabalhista, foram criados, ainda na década de 1930, o Ministério do Trabalho, as Juntas de Conciliação e Julgamento (para conflitos individuais) e as Comissões Mistas de Conciliação (para os conflitos coletivos).

A Consolidação das Leis do Trabalho, de 1º de maio de 1943, não é uma codificação, mas uma "Consolidação", com o objetivo de reunir e sistematizar a legislação trabalhista então existente.

> Segundo Arnaldo Süssekind et al. (2003, p. 62/64) – um dos integrantes da comissão responsável pela elaboração da CLT –, as seguintes fontes geraram a CLT: a *Rerum Novarum*, Encíclica do Papa Leão XIII, de 1891; o Primeiro Congresso Brasileiro de Direito Social; a OIT e suas Recomendações e Convenções; a legislação brasileira até então editada; e pareceres de juristas que integravam a Consultoria Jurídica do Ministério do Trabalho, como Oliveira Viana e Oscar Saraiva. Percebe-se, portanto, como é equivocado associar a CLT à italiana Carta Del Lavoro. É certo que o título da CLT relativo à organização sindical guarda correspondência com o modelo então vigente na Itália, mas, no caso brasileiro, nada se fez senão reunir os decretos-leis editados de 1939 a 1942 a respeito do tema. Chama atenção, em verdade, a manutenção do modelo sindical mesmo com a Constituição de 1988. A par disso, ao longo de mais de 70 anos de vigência, a Consolidação das Leis do Trabalho passou por inúmeras modificações e atualizações, contendo hoje texto muito diverso do original, além das diferentes interpretações construídas historicamente pela doutrina e pela jurisprudência.

No âmbito das relações coletivas, a estrutura sindical brasileira foi construída na década de 1930, possuindo como características mais acentuadas, entre outras, a significativa intervenção estatal, expressa na necessidade de reconhecimento do sindicato "oficial" pelo Estado; a unicidade sindical (isto é, sindicato único imposto por lei numa mesma base territorial); e as contribuições compulsórias.

Os principais elementos da estrutura sindical foram mantidos pela Constituição de 1988, embora tenha sido bastante reduzida a intervenção estatal, na medida em que são "vedadas ao Poder Público a interferência e a intervenção na organização sindical" (art. 8º, I, CF). Alterando a CLT, a Lei nº

13.467/2017 retirou o caráter obrigatório das contribuições às entidades sindicais.

1.5 Princípios específicos do Direito do Trabalho

São os seguintes:

1.5.1 Princípio da proteção (ou tuitivo, ou protetivo)

Segundo esse princípio, o conjunto do Direito do Trabalho (seus demais princípios, institutos, suas regras e presunções) representa uma proteção à parte considerada menos favorecida (*hipossuficiente*) na relação de emprego. O objetivo é reestabelecer, ou pelo menos atenuar, juridicamente, o *desequilíbrio fático* subjacente ao contrato de trabalho. Esse desequilíbrio se expressa, entre outros aspectos, na diferença de poder/liberdade de negociação sobre o trabalho e as condições de sua execução entre trabalhador e empregador.

1.5.2 Norma mais favorável

Por esse princípio, deve-se optar pela norma mais favorável ao trabalhador em três momentos:

a) **na elaboração da norma:** o princípio orienta a atuação legislativa;

b) **na identificação da norma hierarquicamente prevalecente em caso de conflito entre normas:** havendo conflito entre normas, prevalece a que seja mais favorável ao trabalhador;

c) **no processo de interpretação da norma jurídica:** existindo possibilidades consistentes de interpretação da norma jurídica, deve-se optar pela interpretação que seja mais favorável ao trabalhador/empregado.

1.5.3 Imperatividade das normas trabalhistas

O conjunto normativo do Direito do Trabalho é obrigatório, não podendo ser afastado pela simples expressão da vontade dos contratantes, ainda que em consenso mútuo.

1.5.4 Indisponibilidade dos direitos trabalhistas

Reflexo do princípio anterior, a indisponibilidade indica que manifestações bilaterais de vontade dos contratantes não têm validade quando implicam afastar a proteção assegurada pelo ordenamento jurídico trabalhista.

1.5.5 Condição mais benéfica

Trata-se da garantia ao empregado de manutenção das cláusulas contratuais mais benéficas, as quais são incorporadas ao seu patrimônio jurídico como direito adquirido (art. 5°, XXXVI, CF). Encontra previsão no art. 468 da CLT ("nos contratos individuais de trabalho só é lícita a alteração das respectivas condições por mútuo consentimento, e ainda assim desde que não resultem, direta ou indiretamente, prejuízos ao empregado, sob pena de nulidade da cláusula infringente desta garantia").

As normas internas do empregador (regulamento empresarial, regimento interno, portarias etc.) integram o contrato de trabalho. Assim, segundo o princípio acima indicado, a modificação de uma norma interna (isto é, de uma cláusula contratual) que gere revogação ou alteração (prejudicial) de direitos ou vantagens alcança apenas os empregados admitidos posteriormente à alteração.

É o que indica a jurisprudência do TST, no sentido de que "as cláusulas regulamentares, que revoguem ou alterem vantagens deferidas anteriormente, só atingirão os trabalhadores admitidos após a revogação ou alteração do regulamento" (Súmula n° 51, I, TST).

No entanto, em se tratando de coexistência de regulamentos empresariais, o empregado pode optar por um ou por outro, e essa opção tem o efeito de renúncia às regras do outro regulamento (Súmula n° 51, II, TST).

1.5.6 Inalterabilidade contratual lesiva

O princípio remonta, em sua origem, à noção do direito civil de que os contratos devem ser cumpridos (*pacta sunt servanda*), de modo que não são válidas alterações contratuais que, ainda que por mútuo consentimento, impliquem prejuízos ao empregado. Vale notar que as modificações contratuais favoráveis ao empregado são, em regra, válidas, enquanto as modificações contratuais desfavoráveis são reputadas nulas (art. 468, CLT). Além disso, a *teoria da imprevisão* (*rebus sic stantibus*) não encontra espaço no Direito do Trabalho, na medida em que o empregador assume os riscos da atividade econômica (art. 2°, CLT).

O princípio comporta determinadas autorizações (legais e/ou jurisprudenciais) para modificação das condições laborais decorrentes do exercício do *ius variandi* do empregador. Assim é que não é considerada "alteração unilateral a determinação do empregador para que o respectivo empregado reverta ao cargo efetivo, anteriormente ocupado, deixando o exercício de função de confiança" (art. 468, § 1°, CLT), ou, ainda, entende-se que "a transferência para o período diurno de trabalho implica a perda do direito ao adicional noturno" (Súmula n° 265, TST).

1.5.7 Intangibilidade contratual objetiva

Relaciona-se ao princípio anterior e significa que o conteúdo do contrato de trabalho é intangível, imodificável, mesmo em caso de alteração do empregador (*sucessão de empregadores*).

1.5.8 Intangibilidade salarial

O princípio indica que o salário, em razão de sua natureza alimentar, deve contar com diversas proteções jurídicas, de modo a preservar seu valor e sua disponibilidade para o empregado. Essas garantias se relacionam ao princípio do *valor social do trabalho* (art. 1°, IV, da CF) e encontram previsão na Constituição (art. 7°, incisos IV, VI, VII e X) e na legislação ordinária (*v.g.*, art. 462, CLT). Uma das mais importantes é a "irredutibilidade do salário, salvo o disposto em convenção ou acordo coletivo" (art. 7°, VI, CF).

1.5.9 Primazia da realidade sobre a forma

É relevante, para o Direito do Trabalho, a prática concreta realizada durante a prestação dos serviços, a despeito da vontade expressa em eventual instrumento formalizado. Tem-se aqui a noção de *contrato realidade*, pelo qual, por exemplo, uma relação jurídica, formalizada como mero vínculo civil, pode ser descaracterizada, com o reconhecimento da relação de emprego, se presentes os requisitos legais dessa última (arts. 2° e 3°, CLT).

Amplia-se a regra do Direito Civil de que "é nulo o negócio jurídico simulado, mas subsistirá o que se dissimulou, se válido for na substância e na forma" (art. 167, CCB). É importante ter em vista que "serão nulos de pleno direito os atos praticados com o objetivo de desvirtuar, impedir ou fraudar a aplicação dos preceitos (...)" legais trabalhistas (art. 9°, CLT).

1.5.10 Continuidade da relação de emprego

O Direito do Trabalho preocupa-se com a preservação da relação de emprego, adotando a premissa de que essa continuidade tende a elevar o padrão de direitos trabalhistas. O princípio perdeu força com a modificação do regime da estabilidade decenal pelo do Fundo de Garantia do Tempo de Serviço, com a Lei nº 5.107/1966, atualmente Lei nº 8.036/1990. Não obstante, o princípio encontra reflexo em importantes garantias constitucionais, quais sejam, "relação de emprego protegida contra despedida arbitrária ou sem justa causa, nos termos de lei complementar, que preverá indenização compensatória, dentre outros direitos" (art. 7º, I, CF), e "aviso prévio proporcional ao tempo de serviço, sendo no mínimo de trinta dias, nos termos da lei" (art. 7º, XXI, CF).

O princípio da continuidade é, ainda, fonte de presunções importantes, como a de que, havendo controvérsia sobre a extinção do pacto laboral, presume-se a ruptura pela modalidade mais onerosa ao empregador (dispensa imotivada ou sem justa causa), cabendo a esse, portanto, a prova da modalidade menos onerosa. Daí decorre o entendimento de que "o ônus de provar o término do contrato de trabalho, quando negados a prestação de serviço e o despedimento, é do empregador, pois o princípio da continuidade da relação de emprego constitui presunção favorável ao empregado" (Súmula nº 212, TST).

1.5.11 *In dubio pro operario*

Embora bastante conhecido, esse princípio é de pouca aplicação prática. Em sua dimensão material, orienta que, na hipótese de mais de uma interpretação consistente da norma, deve-se optar pela que seja mais benéfica ao trabalhador. Como se percebe, essa dimensão é abrangida pelo princípio da *norma mais favorável*. Já em sua dimensão processual, orienta que, havendo dúvida do julgador diante de contextos fáticos controvertidos, a decisão deveria ser conduzida de maneira benéfica ao trabalhador. Essa orientação, contudo, não passa pelo crivo da democracia, violando, ainda, a garantia do juiz natural, que contempla o desígnio da imparcialidade. Logo, também por essa ótica, o princípio não se sustenta.

1.6 Fontes materiais, formais, autônomas e heterônomas

Diversos elementos de natureza econômica, sociológica, política e filosófica atuaram, historicamente, e ainda atuam na formação do Direito do Trabalho, traduzindo-se em suas fontes materiais.

Com relação às fontes formais, é possível separá-las em *autônomas* e *heterônomas*. Essas últimas são as que não envolvem a participação imediata dos atores sociais interessados, enquanto aquelas são as que contam com a participação imediata de seus destinatários no processo de elaboração e criação.

Dentre as principais fontes formais heterônomas, têm-se: a Constituição, as leis, os regulamentos normativos, tratados e convenções internacionais, sentenças normativas. Já dentre as fontes formais autônomas mais importantes, destacam-se: convenções e acordos coletivos de trabalho, usos e costumes.

Com classificação mais controvertida, têm-se, ainda, a jurisprudência, os princípios jurídicos (gerais e específicos) e a equidade.

1.6.1 Hierarquia das fontes

A hierarquia das fontes no Direito do Trabalho adota como critério essencial o princípio da norma mais favorável.

Em caso de conflito entre cláusula de contrato individual e cláusula de convenção ou acordo coletivo de trabalho, no entanto, prevalece o instrumento normativo, como forma de valorizar a negociação coletiva, segundo o art. 619 da CLT ("nenhuma disposição de contrato individual de trabalho que contrarie normas de Convenção ou Acordo Coletivo de Trabalho poderá prevalecer na execução do mesmo, sendo considerada nula de pleno direito").

Na hipótese de conflito entre convenção coletiva e acordo coletivo de trabalho, o art. 620 da CLT (com a redação conferida pela Lei n° 13.467/2017) estipula a prevalência, sempre, do acordo coletivo, adotando a premissa da especificidade dessa norma às condições laborais respectivas.[1]

1.7 Interpretação e integração

Partindo da constatação de que toda norma exige interpretação, são aplicáveis, ao Direito do Trabalho, os mesmos métodos de interpretação trazidos pela Teoria Geral do Direito: literal, histórico, teleológico, sistemático, restritivo e extensivo.

Com relação à integração das lacunas no âmbito do Direito do Trabalho, o legislador ordinário indica que

> as autoridades administrativas e a Justiça do Trabalho, na falta de disposições legais ou contratuais, decidirão, conforme o caso, pela jurisprudência, por analogia, por equidade e outros princípios e normas gerais de direito, principalmente do direito do trabalho, e, ainda, de acordo com os usos e costumes, o direito comparado, mas sempre de maneira que nenhum interesse de classe ou particular prevaleça sobre o interesse público (art. 8º, CLT).

---

[1]. Com isso, ficou, em princípio, superada a utilização, nesse caso, do princípio da norma mais favorável, identificada a partir da teoria do conglobamento (que preconiza a comparação entre as normas consideradas em seu conjunto para a identificação da mais benéfica aos trabalhadores).

Além disso, "o direito comum será fonte subsidiária do direito do trabalho" (art. 8°, § 1°, CLT), o que pressupõe a compatibilidade daquele com os princípios específicos desse último.

A Lei n° 13.467/2017 estabeleceu, na CLT, que, ao examinar convenção coletiva ou acordo coletivo de trabalho, a Justiça do Trabalho deverá analisar tão somente a conformidade dos elementos essenciais do negócio jurídico, consoante art. 104 do CCB, balizando sua atuação pelo *princípio da intervenção mínima* na autonomia da vontade coletiva (art. 8°, § 3°, CLT).[2]

1.8 Aplicação da lei material trabalhista no tempo e no espaço

Com relação à eficácia da lei material trabalhista no tempo, é importante diferenciar as cláusulas contratuais (incluindo os regulamentos empresariais), as normas jurídicas heterônomas e as normas coletivas.

No que toca às cláusulas contratuais, prevalecem os princípios da condição mais benéfica e da inalterabilidade contratual lesiva, de maneira que a nova cláusula (ou o novo regulamento) não tem o condão de suprimir ou reduzir vantagem anteriormente concedida, (art. 468, CLT e Súmula n° 51, I, TST). A nova cláusula contratual vale apenas para os empregados admitidos a partir de então.

Quanto às normas jurídicas heterônomas, as modificações afetam os contratos de trabalho em curso, tendo efeito imediato, mas não alcançam situações já consolidadas – ou seja, não têm efeito retroativo (art. 5°, XXXVI, CF).

[2.] Há duas observações importantes a respeito. A primeira é a de que o preceito confunde a natureza de convenções e acordos coletivos de trabalho, atribuindo-lhes caráter contratual, quando, em realidade, possuem natureza normativa (SILVA, 2008). A segunda é a de que o denominado "princípio da intervenção mínima", até então inexistente no ordenamento jurídico brasileiro, conflita com o princípio constitucional de acesso à justiça (art. 5°, XXXV, CF/1988).

Deve ser observada, ainda, a garantia da irredutibilidade salarial (art. 7°, VI, CF). É o entendimento adotado pela jurisprudência no caso do adicional de periculosidade do eletricitário, cuja base de cálculo foi reduzida para o salário básico pela Lei n° 12.740/2012. De acordo com o TST:

> a alteração da base de cálculo do adicional de periculosidade do eletricitário promovida pela Lei n° 12.740/2012 atinge somente contrato de trabalho firmado a partir de sua vigência, de modo que, nesse caso, o cálculo será realizado exclusivamente sobre o salário básico, conforme determina o § 1° do art. 193 da CLT (Súmula n° 191, III).

No que tange às normas coletivas e à sua vigência no tempo, a jurisprudência do TST adota o critério da aderência limitada por revogação (expressa ou tácita), apontando que "as cláusulas normativas dos acordos coletivos ou convenções coletivas integram os contratos individuais de trabalho e somente poderão ser modificadas ou suprimidas mediante negociação coletiva de trabalho" (Súmula n° 277; conferir também Precedente Normativo n° 120, SDC/TST). Assim, segundo o TST, a norma coletiva é dotada de ultratividade, produzindo efeitos mesmo após o término do seu prazo de vigência, até que seja revogada, tácita ou expressamente, por outra norma coletiva.

Tramita no STF a ADPF 323, em que é impugnada a Súmula n° 277 do TST, cuja aplicação está suspensa em razão de medida cautelar deferida naquela ação.[3] Além disso, a Lei

---

3. Até a conclusão desta edição, o Relator da ADPF, Min. Gilmar Mendes, havia determinado a suspensão de todos os processos em curso que tratassem do tema da ultratividade das normas coletivas. Já houve os votos dos Ministros Nunes Marques, Alexandre de Moraes e Roberto Barroso, que acompanharam o Ministro Relator, julgando procedente a arguição. Foi proferido, ainda, o voto do Ministro Edson Fachin, que julgou improcedente o pedido, e o voto da Ministra Rosa Weber, que, preliminarmente, julgou prejudicada a arguição em razão da perda superveniente de

nº 13.467/2017 alterou o art. 614, § 3°, da CLT para estipular a vedação da ultratividade.

Com relação ao fator espaço, o Direito do Trabalho brasileiro é aplicável às relações de emprego que se desenvolvem em território nacional, inclusive em embaixadas e consulados de Estados estrangeiros. A legislação nacional também incide às relações laborais que envolvem trabalhador estrangeiro domiciliado ou residente no exterior e que venha ao Brasil para realização de serviços especializados em caráter provisório (art. 1°, Decreto-lei nº 691/1969).

> Para a situação do brasileiro que presta serviços no exterior, é aplicável a Lei nº 7.064/1982, que trata do empregado transferido, assim considerado aquele que foi removido para o exterior e cujo contrato estava sendo executado no país; ou o cedido à empresa sediada no estrangeiro, para trabalhar no exterior, desde que preservado o vínculo com o empregador brasileiro; ou, ainda, o contratado por empresa sediada no país para trabalhar a seu serviço no exterior (art. 2°). Para esses trabalhadores, a lei assegura, além de alguns direitos ali expressos, a aplicação da legislação brasileira de proteção ao trabalho, quando mais favorável do que a legislação do local da prestação de serviços, no conjunto de normas e em relação a cada matéria (art. 3°). **O legislador adotou, na identificação da norma mais benéfica, o critério do conglobamento por matéria.**

Como se percebe, não é atualmente adotado o parâmetro da *lex loci executionis* (lei do local da execução do contrato), previsto na Convenção de Havana (o que resultou no cancelamento da Súmula nº 207, TST). Assim, **o critério de incidência da lei do local da execução dos serviços é aplicável tão so-**

---

objeto, e, no mérito, julgou improcedente o pedido. O julgamento está suspenso, diante de vista do Min. Dias Toffoli.

mente se o trabalhador é contratado e transferido imediatamente ao exterior. Todavia, se o trabalhador prestar serviços no Brasil ou se for contratado por empresa sediada no Brasil para trabalhar a seu serviço no exterior, terá direito ao critério da lei mais favorável, no conjunto de normas e em relação a cada matéria, tendo em vista que adquiriu direito à aplicação da norma trabalhista brasileira.

No caso de trabalhadores em navio de cruzeiro internacional, é também aplicável a Lei nº 7.064/1982, levando-se em consideração, ainda, o local de recrutamento e contratação, além do labor em águas nacionais e/ou estrangeiras. A referida lei tem o condão de afastar a aplicação da legislação do país de inscrição da embarcação ("Lei do Pavilhão" – Convenção de Direito Internacional Privado, promulgada no Brasil pelo Decreto nº 18.871/1929).

O TST já decidiu, a respeito, que

> (...) a jurisprudência majoritária se encaminhou para a conclusão de que somente em princípio, à luz do Código de Bustamante, também conhecido como "Lei do Pavilhão" (Convenção de Direito Internacional Privado em vigor no Brasil desde a promulgação do Decreto nº 18.871/1929), aplica-se às relações de trabalho desenvolvidas em alto mar a legislação do país de inscrição da embarcação. Isso porque, em decorrência da Teoria do Centro de Gravidade (*most significant relationship*), as normas de Direito Internacional Privado deixam de ser aplicadas quando, observadas as circunstâncias do caso, verificar-se que a relação de trabalho apresenta uma ligação substancialmente mais forte com outro ordenamento jurídico. Trata-se da denominada "válvula de escape", segundo a qual impende ao juiz, para fins de aplicação

da legislação brasileira, a análise de elementos tais como o local das etapas do recrutamento e da contratação e a ocorrência ou não de labor também em águas nacionais (...).[4]

---

[4] ARR-11800-08.2016.5.09.0028, 6ª Turma, Relatora Ministra Kátia Magalhães Arruda, *DeJT* 12/04/2019.

2

Relação de emprego e seus atores

2.1 Relação de trabalho e relação de emprego

Relação de trabalho engloba, em tese, qualquer relação jurídica cuja característica seja a prestação de trabalho, isto é, prestação de labor humano, como, por exemplo, o trabalho autônomo, o trabalho avulso ou o estágio. *Relação de emprego*, por sua vez, é uma relação de trabalho qualificada, juridicamente, a partir dos requisitos previstos na legislação (arts. 2º e 3º, CLT). Assim, *relação de trabalho* é gênero, *relação de emprego* é espécie.

2.2 Caracterização da relação de emprego

O vínculo de emprego reveste-se de qualificativos especiais que o diferenciam de outras relações de trabalho. Para sua caracterização, é necessário que todos os requisitos legais estejam presentes – faltando algum deles, fica afastada a relação empregatícia.

O empregador é definido como "a empresa, individual ou coletiva, que, assumindo os riscos da atividade econômica, admite, assalaria e dirige a prestação pessoal de serviço" (art. 2º, CLT), enquanto o empregado é considerado "toda pessoa física que prestar serviços de natureza não eventual a empregador, sob a dependência deste e mediante salário" (art. 3º, CLT).

A partir da previsão legal, podem ser identificados os seguintes requisitos necessários (concomitantemente) à caracterização da relação empregatícia:

- **trabalho prestado por pessoa física**;
- **pessoalidade**: a relação de emprego é pessoal, *intuitu personae*, com relação à figura do empregado, que não pode se fazer substituir por outrem de maneira intermitente ou constante na execução do trabalho;
- **não eventualidade**: é mais fácil compreender esse conceito buscando-se a definição do que seria um trabalho *eventual*, cujas características são a não permanência em uma organização com intuito definitivo, a pluralidade de tomadores de serviços e a curta duração do serviço executado, por se tratar de evento certo e episódico, diante da dinâmica normal do tomador dos serviços (cf. DELGADO, 2019, p. 344). O trabalho não eventual é aquele que se insere no âmbito da dinâmica normal do empreendimento do empregador (independentemente de se tratar de *atividade-fim* ou *atividade-meio*). O labor prestado de forma intermitente, mas pertinente às atividades normais do empregador, é não eventual. Seria o exemplo de um garçom que prestasse serviços ao restaurante apenas de quinta-feira a domingo – o trabalho é intermitente, porém não eventual, considerando-se a rotina do estabelecimento empresarial do empregador.

O conceito de não eventualidade não se confunde com o de *continuidade*. Esse último foi o adotado na configuração da relação de emprego doméstico, em que o empregado doméstico é "aquele que presta serviços de forma **contínua**, subordinada, onerosa e pessoal e de finalidade não lucrativa à pessoa ou à família, no âmbito residencial destas, por mais de 2 (dois) dias por semana" (art. 1º, LC nº 150/2015, grifo nosso).

- **onerosidade:** o empregado percebe uma contraprestação econômica com o intuito de remunerar o trabalho realizado.
- **subordinação:** deriva da expressão legal *dependência* (art. 3º, CLT) e indica o compromisso do empregado de se submeter ao *poder diretivo* do empregador quanto ao modo de realização da prestação dos serviços.

A subordinação é objetiva, segundo Maurício Godinho Delgado: alcança a forma de realização do serviço, e não a pessoa do empregado (DELGADO, 2019, p. 349/350). Cuida-se, portanto, de *subordinação jurídica* – e não se confunde com subordinação/dependência econômica ou técnica.

Há três compreensões sobre a subordinação jurídica:

- **clássica:** pela qual a subordinação se manifesta a partir da intensidade das ordens emitidas pelo tomador dos serviços (o empregador), a traduzirem a direção das atividades;
- **objetiva:** expressa pela integração do trabalhador e de seus serviços nos objetivos empresariais do empregador;
- **estrutural:** decorrente da inserção do trabalhador na dinâmica empresarial do tomador dos serviços, vinculando-se quanto à organização e ao funcionamento desse último, independentemente do recebimento de ordens diretas do empregador ou tomador dos serviços. *É a compreensão mais utilizada.*

2.3 Distinções e figuras afins à relação de emprego

Os requisitos acima diferenciam a relação de emprego de outros negócios jurídicos, bem como de outras formas de prestação de serviços.

O labor sob a relação de emprego diferencia-se do *trabalho autônomo*, realizado sem subordinação. Afinal o autônomo é "patrão de si mesmo, sem submissão aos poderes de comando do empregador, e, portanto, não está inserido no círculo diretivo e disciplinar de uma organização empresarial" (BARROS, 2008, p. 220/221).

A legislação trabalhista prevê que "a contratação do autônomo, cumpridas por este todas as formalidades legais, com ou sem exclusividade, de forma contínua ou não, afasta a qualidade de empregado prevista no art. 3º desta Consolidação" (art. 442-B/CLT, inserido pela Lei nº 13.467/2017). É indispensável, porém, que haja preservação efetiva da autonomia do prestador de serviços, sem a qual poderá ficar caracterizada a subordinação e o vínculo de emprego, consoante a noção já indicada de *contrato realidade* (art. 9º, CLT).

O *representante comercial* é a pessoa física ou jurídica que, sem relação de emprego, exerce a representação comercial autônoma, desempenhando, em caráter não eventual, por conta de uma ou mais pessoas, a mediação para a realização de negócios mercantis, agenciando propostas ou pedidos, para transmiti-los aos representados, praticando ou não atos relacionados à execução dos negócios (art. 1º, Lei nº 4.886/1965).

A *empreitada* é disciplinada nos arts. 610 a 626 do CCB, podendo ser apenas de trabalho ou de trabalho e materiais. É uma modalidade de prestação de serviços em que o trabalhador (empreiteiro) conserva para si a direção da rotina de execução do trabalho (isto é, autonomia), tendo em vista a realização da obra contratada, não estando, portanto, subordinado ao beneficiário dos serviços.

Os *servidores públicos* mantêm com o Poder Público vínculo de natureza estatutária e, por expressa previsão legal, não lhes são aplicáveis as normas da CLT (art. 7°, c e *d*, CLT).

A atividade *cooperativa* é disciplinada pela Lei n° 5.764/1971, pelo Código Civil e pela Lei n° 12.690/2012, esta última específica para a chamada cooperativa de trabalho, assim considerada "a sociedade constituída por trabalhadores para o exercício de suas atividades laborativas ou profissionais com proveito comum, autonomia e autogestão para obterem melhor qualificação, renda, situação socioeconômica e condições gerais de trabalho" (art. 2°).

A cooperativa de trabalho deve observar os seguintes princípios e valores: adesão voluntária e livre; gestão democrática; participação econômica dos membros; autonomia e independência; educação, formação e informação; intercooperação; interesse pela comunidade; preservação dos direitos sociais, do valor social do trabalho e da livre iniciativa; não precarização do trabalho; respeito às decisões de assembleia, observado o disposto na lei; participação na gestão em todos os níveis de decisão de acordo com o previsto em lei e no Estatuto Social (art. 3°, Lei n° 12.690/2012).

A lei estipula um conjunto de direitos que devem ser garantidos aos cooperados: retiradas não inferiores ao piso da categoria profissional e, na ausência deste, não inferiores ao salário mínimo, calculadas de forma proporcional às horas trabalhadas ou às atividades desenvolvidas; duração do trabalho normal não superior a 8 (oito) horas diárias e 44 (quarenta e quatro) horas semanais, exceto quando a atividade, por sua natureza, demandar a prestação de trabalho por meio de plantões ou escalas, facultada a compensação de horários; repouso semanal remunerado, preferencialmente aos domingos; repouso anual remunerado; retirada para o trabalho noturno superior à do diurno; adicional sobre a retirada para as atividades insalubres ou perigosas; seguro de acidente de trabalho (art. 7º, Lei nº 12.690/2012).

Há dois princípios inerentes à atividade cooperativa. São eles:

■ princípio da dupla qualidade: o cooperado é também cliente da cooperativa e obtém vantagens dessa situação. Com efeito, "as cooperativas singulares se caracterizam pela prestação direta de serviços aos associados" (art. 7º, Lei nº 5.764/1971);

■ princípio da retribuição pessoal diferenciada: a finalidade da organização cooperativa é propiciar ao trabalhador autônomo um ganho diferenciado, superior ao que auferiria se não estivesse associado à entidade.

A CLT prevê que, "qualquer que seja o ramo de atividade da sociedade cooperativa, não existe vínculo empregatício entre ela e seus associados, nem entre estes e os tomadores de serviços daquela" (art. 442, parágrafo único). Estabelece-se aqui uma **presunção relativa** de inexistência de vínculo de emprego – tal presunção pode ser afastada se constatados, na situação concreta, os requisitos do vínculo de emprego, em atenção ao princípio da primazia da realidade sobre a forma (art. 9º, CLT).

Nos termos do art. 4º, II, da Lei nº 12.690/2012, a cooperativa de trabalho pode ser "de serviço, quando constituída por sócios para a prestação de serviços especializados a terceiros, **sem a presença dos pressupostos da relação de emprego**" (grifo nosso). Além disso, de acordo com o art. 5º, "a Cooperativa de Trabalho não pode ser utilizada para intermediação de mão de obra subordinada".

Por fim, a Lei n° 12.592/2012 (alterada pela Lei n° 13.352/2016) contempla o *contrato de parceria em salão de beleza*, instituindo as figuras do salão-parceiro e do profissional-parceiro. A constitucionalidade desse contrato civil foi declarada pelo STF no julgamento da ADI 5625. O contrato poderá ser celebrado, por escrito, nos termos legais, com os profissionais que exercem as atividades de cabeleireiro, barbeiro, esteticista, manicure, pedicure, depilador e maquiador (art. 1°-A).

O salão-parceiro é responsável pela centralização dos pagamentos e recebimentos resultantes dos serviços prestados, na forma de parceria, pelo profissional-parceiro, realizando a retenção de sua cota-parte percentual, estipulada no contrato, bem como dos valores de recolhimentos fiscais e previdenciários devidos pelo profissional parceiro, incidentes sobre a cota-parte desse último (art. 1°-A, §§ 2° e 3°, Lei n° 12.592/2012).

A cota-parte do salão-parceiro é retida a título de "atividade de aluguel de bens móveis e de utensílios para o desempenho das atividades de serviços de beleza e/ou a título de serviços de gestão, de apoio administrativo, de escritório, de cobrança e de recebimentos de valores transitórios recebidos de clientes das atividades de serviços de beleza, e a cota-parte destinada ao profissional-parceiro ocorrerá a título de atividades de prestação de serviços de beleza" (art. 1°-A, § 4°, Lei n° 12.592/2012).

Pressupõe-se que o profissional-parceiro, por sua vez, execute apenas as atividades pertinentes à sua profissão, não podendo, então, assumir responsabilidades e obrigações relativas à administração da pessoa jurídica do salão-parceiro, sejam elas de ordem contábil, fiscal, trabalhista, previdenciária, ou quaisquer outras (art. 1°-A, § 6°, Lei n° 12.592/2012).

A legislação admite que o profissional-parceiro seja qualificado, junto às autoridades fazendárias, como pequenos empresários, microempresários ou microempreendedores individuais (art. 1º-A, § 7º, Lei nº 12.592/2012). O contrato de parceria será firmado por escrito e homologado pelo sindicato da categoria profissional e, na sua ausência, pelo órgão competente do Ministério do Trabalho, perante duas testemunhas. O profissional-parceiro, ainda que registrado como pessoa jurídica, deverá, então, ser assistido pelo sindicato profissional, ou, em sua ausência, pelo órgão competente do Ministério do Trabalho (art. 1º-A, §§ 7º a 9º, Lei nº 12.592/2012).

Algumas cláusulas são obrigatórias ao contrato de parceria (art. 1º, § 10, Lei nº 12.592/2012), como o percentual das retenções por parte do salão-parceiro dos valores recebidos de cada serviço prestado pelo profissional-parceiro (inciso I) e a possibilidade de rescisão unilateral do contrato, caso não subsista interesse em sua continuidade, mediante aviso prévio de, no mínimo, 30 dias (inciso V).

Enquanto perdurar a relação de parceria prevista em lei, o profissional-parceiro não terá relação de emprego ou de sociedade com o salão-parceiro (art. 1º-A, § 11, Lei nº 12.592/2012). Porém, haverá configuração do vínculo empregatício entre a pessoa jurídica do salão-parceiro e o profissional-parceiro quando não existir contrato de parceria formalizado na forma da lei e o profissional-parceiro realizar funções diversas das descritas no contrato de parceria (art. 1º-C, Lei nº 12.592/2012).

Em todo caso, no entanto, é aplicável o princípio da primazia da realidade sobre a forma, de maneira que, não obstante regularmente formalizado o contrato de parceria, poderá ser reconhecida a relação de emprego caso venham a se apresentar os requisitos dos arts. 2º e 3º da CLT.

2.4 Sujeitos da relação de emprego

2.4.1 O empregado

Já vimos que empregado é toda pessoa física que presta serviços a empregador com pessoalidade, não eventualidade, onerosidade e subordinação (dependência). Vale destacar, então, algumas classificações e regulamentações especiais a respeito.

2.4.1.1 Altos empregados

Podem ser assim classificados:

- **Ocupantes de cargos de gestão ou de função de confiança:** são os gerentes, assim considerados aqueles que exercem cargos de gestão, aos quais se equiparam, para esses fins, os diretores e chefes de departamento ou filial (art. 62, II, CLT), possuindo, ainda, salário do cargo de confiança igual ou superior a 40% do salário do cargo efetivo, incluída a gratificação de função, se houver (art. 62, parágrafo único, CLT).

  A configuração do cargo de gestão ou função de confiança exige concomitantemente poderes, atribuições e responsabilidades mais elevadas, diferenciadas, considerando-se a organização interna do empregador (isto é, amplos poderes de decisão sobre a dinâmica empresarial), além de padrão salarial superior. Os efeitos de o empregado ser ocupante de cargo de gestão ou exercer função de confiança dizem respeito à possibilidade de reversão ao cargo efetivo – situação que não é considerada alteração unilateral do contrato de trabalho (art. 468, § 1º, CLT) –, à possibilidade de modificação do local de prestação dos serviços (art. 469, § 1º, CLT) e, sobretudo, à jornada de trabalho, diante de sua exclusão do regime geral de duração laboral (art. 62, caput, CLT), tornando inviável eventual demanda por horas extras ou adicional noturno.

■ **Ocupantes de cargos de gestão ou de função de confiança na atividade bancária:** são os que, em atividade bancária, exercem "funções de direção, gerência, fiscalização, chefia e equivalentes ou que desempenhem outros cargos de confiança", desde que o valor da gratificação de função não seja inferior a 1/3 do salário do cargo efetivo (art. 224, § 2º, CLT). São exigidos dois requisitos simultâneos: poderes de gestão (embora menos amplos do que os vistos anteriormente, tanto que estão abrangidas meras atividades de fiscalização) e padrão salarial superior.

Em razão do princípio da primazia da realidade, não é suficiente a nomenclatura do cargo ou da função, de modo que a configuração do exercício da função de confiança depende "da prova das reais atribuições do empregado" (Súmula nº 102, I, TST).

O principal efeito da função de confiança bancária relaciona-se à jornada de trabalho. Como se sabe, a duração laboral do bancário é limitada a seis horas diárias e 30 semanais (art. 224, CLT). Porém, para o que ocupa cargo de confiança, esse limite é ampliado para oito horas diárias e quarenta semanais (art. 224, § 2º, CLT). Entende-se, então, que "o bancário que exerce a função a que se refere o § 2º do art. 224 da CLT e recebe gratificação não inferior a um terço de seu salário já tem remuneradas as duas horas extraordinárias excedentes de seis" (Súmula nº 102, II, TST). Serão consideradas extraordinárias as horas "trabalhadas além da oitava" (Súmula nº 102, IV, TST).

Como o padrão salarial previsto em lei é indispensável, "ao bancário exercente de cargo de confiança previsto no artigo 224, § 2º, da CLT são devidas as 7ª e 8ª horas, como extras, no período em que se verificar o pagamento a menor da gratificação de 1/3" (Súmula nº 102, III, TST). Se houver norma coletiva estipulando valor superior à gratificação de função e esse valor não for observado, não fica descaracterizado o cargo de confiança, inexistindo direito ao recebimento da sétima e da oitava horas como extras, mas, tão somente, às diferenças de gratificação (Súmula n° 102, VII, TST).

Note-se que "o advogado empregado de banco, pelo simples exercício da advocacia, não exerce cargo de confiança (...)" (Súmula n° 102, V, TST). Além disso, o caixa bancário, mesmo se caixa executivo, tampouco exerce cargo de confiança e, caso perceba gratificação igual ou superior a um terço do salário do posto efetivo, essa gratificação remunera apenas a maior responsabilidade do cargo, mas não as duas horas excedentes à sexta (Súmula n° 102, VI, TST).

O gerente de agência bancária tem sua jornada normal limitada a oito horas, na forma do art. 224, § 2°, da CLT. Para o gerente-geral de agência, contudo, presume-se o exercício de encargo de gestão, ficando excluído do regime geral de duração laboral, sendo-lhe aplicável o art. 62, II, da CLT (Súmula n° 287, TST).

☐ **Possibilidade de reversão ao cargo efetivo:** trata-se de consequência comum *aos ocupantes de cargos de gestão ou exercentes de função de confiança em geral e em atividade bancária*. Essa reversão, determinada pelo empregador, fazendo com que o empregado deixe o exercício da função de confiança, não é considerada alteração unilateral do contrato de trabalho (art. 468, § 1°, CLT). Além disso, a modificação em tela, realizada com ou sem justo motivo, não confere ao empregado o direito à manutenção do pagamento da gratificação correspondente, não havendo incorporação desta última ao salário, independentemente do tempo de exercício da função (art. 468, § 2°, CLT).

Essa previsão legal, resultado da Lei n° 13.467/2017, opõe-se ao entendimento até então da jurisprudência, no sentido de que, "percebida a gratificação de função por dez ou mais anos pelo empregado, se o empregador, sem justo motivo, revertê-lo a seu cargo efetivo, não poderá retirar-lhe a gratificação tendo em vista o princípio da estabilidade financeira" (Súmula nº 372, I, TST). Caso o empregado seja mantido no exercício da função comissionada, não poderá o empregador reduzir o valor da gratificação (Súmula nº 372, II, TST).

- **Diretores empregados:** o diretor escolhido externamente à pessoa jurídica (ou seja, fora do seu quadro de pessoal) poderá ser empregado quando presentes os requisitos legais dos arts. 2º e 3º da CLT. Já o empregado eleito diretor terá seu "contrato de trabalho suspenso, não se computando o tempo de serviço desse período, salvo se permanecer a subordinação jurídica inerente à relação de emprego" (Súmula nº 269, TST).

- **Sócios empregados:** em tipos societários em que os sócios respondem de maneira ilimitada e solidária pelas obrigações sociais (ex., sociedade em comum), há incompatibilidade com a condição de empregado. Entretanto, em outras modalidades de sociedade, é possível, em tese, a reunião das figuras de sócio e empregado (na condição de acionista de sociedade anônima, por exemplo), desde que não se trate de participação acionária majoritária, ou haja exercício de poderes de controlador.

- **Empregados diferenciados em razão de salário ou de diploma de nível superior:** ao empregado portador de diploma de nível superior e que perceba salário mensal igual ou superior a duas vezes o limite máximo dos benefícios do Regime Geral de Previdência Social, é aplicável a livre estipulação das relações contratuais de trabalho, de acordo com as matérias previstas no art. 611-A da CLT,[1] inclusive prevalecendo sobre normas coletivas (art. 444, parágrafo único, CLT).

- **Empregados diferenciados em razão de salário**: na hipótese de o contrato de trabalho estipular remuneração superior a duas vezes o limite máximo dos benefícios do Regime Geral de Previdência Social, poderá ser pactuada cláusula compromissória de arbitragem, "desde que por iniciativa do empregado ou mediante a sua concordância expressa" (art. 507-A, CLT).

2.4.1.2 Empregado rural

O trabalho rural é disciplinado pela Lei nº 5.889/1973 e, no que for compatível, pela CLT e outras normas esparsas (como a Lei nº 605/1949, as Leis nº 4.090/1962 e nº 4.725/1965, entre outras). É importante atentar que a Constituição de 1988

---

[1] O art. 611-A da CLT estipula a prevalência do negociado sobre o legislado a respeito dos seguintes temas:
"I – pacto quanto à jornada de trabalho, observados os limites constitucionais;
II – banco de horas anual;
III – intervalo intrajornada, respeitado o limite mínimo de trinta minutos para jornadas superiores a seis horas;
IV – adesão ao Programa Seguro-Emprego (PSE), de que trata a Lei no 13.189, de 19 de novembro de 2015;
V – plano de cargos, salários e funções compatíveis com a condição pessoal do empregado, bem como identificação dos cargos que se enquadram como funções de confiança;
VI – regulamento empresarial;
VII – representante dos trabalhadores no local de trabalho;
VIII – teletrabalho, regime de sobreaviso, e trabalho intermitente;
IX – remuneração por produtividade, incluídas as gorjetas percebidas pelo empregado, e remuneração por desempenho individual;
X – modalidade de registro de jornada de trabalho;
XI – troca do dia de feriado;
XII – enquadramento do grau de insalubridade;
XIII – prorrogação de jornada em ambientes insalubres, sem licença prévia das autoridades competentes do Ministério do Trabalho;
XIV – prêmios de incentivo em bens ou serviços, eventualmente concedidos em programas de incentivo;
XV – participação nos lucros ou resultados da empresa".
O art. 444, parágrafo único, da CLT indica que, sobre esses temas, o empregado ali previsto pode negociar "livremente" com o empregador.

equiparou os direitos dos trabalhadores urbanos e rurais, como se depreende do *caput* do art. 7º.

> Empregado rural é assim considerado "toda pessoa física que, em propriedade rural ou prédio rústico, presta serviços de natureza não eventual a empregador rural, sob a dependência deste e mediante salário" (art. 2º, Lei nº 5.889/1973). O conceito de empregado rural relaciona-se intimamente com o de empregador rural, assim definido como "a pessoa física ou jurídica, proprietário ou não, que explore atividade agroeconômica, em caráter permanente ou temporário, diretamente ou através de prepostos e com auxílio de empregados" (art. 3º, Lei nº 5.889/1973).

A expressão "atividade agroeconômica" inclui, além da exploração industrial em estabelecimento agrário não compreendido na CLT, a exploração do turismo rural ancilar à exploração agroeconômica (art. 3º, § 1º, Lei nº 5.889/1973). É equiparado ao empregador rural "a pessoa física ou jurídica que, habitualmente, em caráter profissional, e por conta de terceiros, execute serviços de natureza agrária, mediante utilização do trabalho de outrem" (art. 4º, Lei nº 5.889/1973).

No caso da agroindústria, a questão relativa à natureza do vínculo empregatício, se rural ou urbano, depende da atividade preponderante do empregador (ou seja, se a industrial, ou se a rural), observando-se, ainda, as tarefas do empregado. Assim, segundo o TST, a questão deve "ser dirimida caso a caso, considerando, inclusive, a atividade desenvolvida pelo trabalhador",[2] de modo que, se o trabalhador da agroindústria reali-

---

[2] AIRR – 803-98.2012.5.24.0056, Relator Ministro: Cláudio Mascarenhas Brandão, data de julgamento: 22/02/2017, 7ª Turma, data de publicação: *DeJT* 06/03/2017.

zar atividades rurais e/ou em área rural, o vínculo será rural; se realizar atividades de caráter industrial, será urbano.³

Vale notar, porém, que:

> o empregado que trabalha em empresa de reflorestamento, cuja atividade está diretamente ligada ao manuseio da terra e de matéria-prima, é rurícola e não industriário, nos termos do Decreto nº 73.626, de 12.02.1974, art. 2º, § 4º, pouco importando que o fruto de seu trabalho seja destinado à indústria. Assim, aplica-se a prescrição própria dos rurícolas aos direitos desses empregados (OJ nº 38, SBDI-1/TST).

2.4.2 O empregador

Trata-se da "empresa, individual ou coletiva, que, assumindo os riscos da atividade econômica, admite, assalaria e dirige a prestação pessoal de serviço" (art. 2º, CLT). O empregador é aquele que, detendo os meios de produção, admite o trabalhador que presta os serviços com os requisitos da relação de emprego, previstos no art. 3º, CLT. São equiparados ao empregador, para os efeitos da relação de emprego, os profissionais liberais, as instituições de beneficência, as associações recreativas, bem como outras entidades sem fins lucrativos que venham a admitir empregados (art. 2º, § 1º, CLT).

Há duas características fundamentais da figura do empregador:

---

3. Dessa compreensão da jurisprudência resultou o cancelamento da Orientação Jurisprudencial nº 419 da SBDI-1 do TST, que indicava: "considera-se rurícola a despeito da atividade exercida, empregado que presta serviços a empregador agroindustrial (art. 3º, § 1º, da Lei nº 5.889, de 08/06/1973), visto que, neste caso, é a atividade preponderante da empresa que determina o enquadramento".

- **Impessoalidade:** é possível a substituição do titular do empreendimento sem que isso interfira na continuidade do contrato de trabalho, como ocorre nos casos de sucessão trabalhista ou sucessão de empregadores (arts. 10 e 448, CLT);
- **Assunção dos riscos da atividade econômica pelo empregador:** constituem responsabilidade do empregador os riscos e os ônus oriundos da exploração da atividade econômica, do estabelecimento e do próprio contrato. Essa característica também é chamada de *alteridade*. A expressão *riscos* refere-se aos resultados do trabalho realizado e da atividade econômica explorada, bem como às despesas necessárias à execução dos serviços contratados, as quais não podem ser transferidas ao empregado. Nesse sentido já decidiu o TST que:

> havendo determinação do empregador sobre a forma específica de apresentação de seus empregados, **demandando destes o dispêndio de custos próprios**, tais valores devem lhes ser ressarcidos, pois se dão em benefício do empregador, que aumenta seu prestígio junto aos consumidores por meio da imagem transmitida pelos funcionários. Nos termos do art. 2º da CLT, cabe à empresa assumir os riscos da atividade econômica, sendo indevido transferir o ônus aos empregados.[4] (grifo nosso)

2.4.2.1 Poderes

O empregador exerce, em primeiro lugar, o **poder diretivo**, que é justamente o de dirigir a prestação pessoal dos serviços, organizar o conjunto do empreendimento e os fatores de produção.

---

[4] RR-547-16.2014.5.12.0026, 2ª Turma, Relatora Ministra Delaíde Miranda Arantes, *DeJT* 16/08/2019.

O empregador exerce também o **poder regulamentar**, que corresponde à prerrogativa de estabelecer normas e regras gerais pertinentes ao funcionamento e à organização do empreendimento.

Há o **poder fiscalizatório**, que se refere à possibilidade de acompanhar a prestação pessoal dos serviços, estabelecendo controles de horário, controles de acesso ao estabelecimento, exigência de prestação de contas etc.

O empregador também detém **poder disciplinar**, pois lhe é possível a aplicação de penalidades ao empregado – advertências, suspensões e a dispensa por justa causa.

No exercício de cada um desses poderes, o empregador deve observar os direitos fundamentais dos empregados, que devem ser reconhecidos, antes de tudo, como sujeitos de direitos, mostrando-se aplicável aqui a teoria da eficácia horizontal dos direitos fundamentais.

2.4.3. Grupo econômico

Será caracterizado sempre que uma ou mais empresas, muito embora tenha, cada uma delas, personalidade jurídica própria, estejam sob a direção, controle ou administração de outra, ou mesmo quando, guardando cada uma sua autonomia, integrarem grupo econômico. Nesses casos, as empresas componentes do grupo serão solidariamente responsáveis pelas obrigações decorrentes da relação de emprego (art. 2º, § 2º, CLT).

A mera identidade de sócios não caracteriza grupo econômico, exigindo-se, para sua configuração, a demonstração do interesse integrado, a efetiva comunhão de interesses e a atuação conjunta das empresas que o integram (art. 2º, § 3º, CLT).

É indispensável, ainda, que se trate de empresas que exerçam atividade econômica.

O grupo econômico rural é caracterizado segundo parâmetros semelhantes:

> sempre que uma ou mais empresas, embora tendo cada uma delas personalidade jurídica própria, estiverem sob direção, controle ou administração de outra, ou ainda quando, mesmo guardando cada uma sua autonomia, integrem grupo econômico ou financeiro rural, serão responsáveis solidariamente nas obrigações decorrentes da relação de emprego (art. 3º, § 2º, da Lei nº 5.889/1973).

- **Consequências e efeitos:** a consequência da caracterização do grupo econômico é bilateral, isto é, acarreta a solidariedade *passiva* das empresas integrantes do grupo (pelo cumprimento dos direitos trabalhistas) e também sua solidariedade *ativa*. Com efeito, o grupo econômico é considerado *empregador único*, de modo que "a prestação de serviços a mais de uma empresa do mesmo grupo econômico, durante a mesma jornada de trabalho, não caracteriza a coexistência de mais de um contrato de trabalho, salvo ajuste em contrário" (Súmula nº 129, TST).

Na atividade bancária, em razão da noção de *empregador único*, a vantagem pecuniária auferida pelo bancário na colocação ou venda de papéis ou valores mobiliários de empresas pertencentes ao mesmo grupo econômico integra sua remuneração se exercida essa atividade no horário e no local de trabalho e com o consentimento (tácito ou expresso) do banco empregador (Súmula nº 93, TST).

Ainda nos serviços bancários, há a situação do empregado da empresa de processamento de dados, integrante de mesmo grupo econômico de banco. Caso os serviços sejam prestados exclusivamente ao banco, aquele empregado será considerado bancário. Contudo, se os serviços forem prestados ao banco e a empresas que não bancárias do mesmo grupo, ou a terceiros, não será ele considerado bancário (Súmula nº 239, TST).

2.4.4 Sucessão trabalhista

Corresponde à *transferência, total ou parcial, da titularidade do empreendimento econômico ou empresarial*, com a respectiva transferência de obrigações (direitos e deveres) trabalhistas. Reflete a previsão legal de que "qualquer alteração na estrutura jurídica da empresa não afetará os direitos adquiridos por seus empregados" (art. 10, CLT) e de que "a mudança na propriedade ou na estrutura jurídica da empresa não afetará os contratos de trabalho dos respectivos empregados" (art. 448/CLT).

Para que haja sucessão, é exigida a **transferência de uma unidade econômico-jurídica** (vista como uma *universalidade*).

Como consequência, o sucessor responde integralmente pelos direitos e obrigações decorrentes dos contratos de trabalho, ainda que haja, no instrumento de transferência, cláusula de não responsabilização (art. 9º, CLT).

Há tempos, a doutrina e a jurisprudência vêm indicando que a continuidade na prestação dos serviços não é indispensável à caracterização da sucessão trabalhista. O TST já decidiu, observando esse raciocínio, que

> a jurisprudência desta Corte é no sentido de que a sucessão trabalhista de empregadores traz como consequência legal a transmissão de todas as responsabilidades relativas aos débitos do sucedido, ainda que haja débitos referentes a período anterior à sucessão. Assim, **ainda que o contrato de trabalho tenha sido extinto antes da sucessão, não há falar em ausência de responsabilidade do sucessor pelos créditos trabalhistas postulados** (precedentes). (grifo nosso)[5]

[5.] AIRR – 1024-30.2015.5.09.0562, Relator Ministro: José Roberto Freire Pimenta, data de julgamento: 02/08/2017, 2ª Turma, data de publicação: *DeJT* 04/08/2017.

É o mesmo entendimento aplicável quando um banco sucede a outro, hipótese em que as obrigações laborais, mesmo aquelas contraídas à época em que os empregados trabalhavam para o banco sucedido, são de responsabilidade do sucessor, na medida em que a este foram transferidos os ativos, as agências, os direitos e os deveres contratuais, caracterizando a sucessão trabalhista (OJ nº 261, SBDI-1/TST).

Caso o sucessor venha a adquirir empresa de um grupo econômico, não responderá solidariamente por débitos trabalhistas de empresa não adquirida, integrante do mesmo grupo da empresa sucedida, desde que, à época, a devedora direta seja solvente ou idônea economicamente, ressalvada, porém, a hipótese de má-fé ou fraude na sucessão (OJ nº 411, SBDI-1/TST).

> Uma vez configurada a sucessão trabalhista ou de empregadores, as obrigações laborais, inclusive as contraídas à época em que os empregados trabalhavam para a empresa sucedida, são de responsabilidade do sucessor. Mas a empresa sucedida responderá solidariamente com a sucessora se restar demonstrada fraude na transferência (art. 448-A, CLT).

Uma questão importante é saber se a aquisição de uma empresa ou de parcela de um empreendimento econômico, em razão de alienação realizada em processo de falência ou de recuperação judicial, configura sucessão trabalhista. Ou seja: a pessoa adquirente (arrematante) se torna responsável pelas obrigações da empresa ou do empreendimento adquirido?

Na hipótese de falência, o objeto da alienação ficará livre de qualquer ônus, não havendo sucessão do arrematante nas obrigações do devedor, "inclusive as de natureza tributária, as derivadas da legislação do trabalho e as decorrentes de acidentes de trabalho" (art. 141, II, Lei nº 11.101/2005). Os empregados da empresa em falência que sejam contratados pelo arrematante celebrarão novos contratos de trabalho, sem responsabilidade do arrematante por obrigações anteriores (art. 141, § 2º, Lei nº 11.101/2005).

No caso da recuperação judicial, "o objeto da alienação estará livre de qualquer ônus e não haverá sucessão do arrematante nas obrigações do devedor de qualquer natureza, incluídas, mas não exclusivamente, as de natureza ambiental, regulatória, administrativa, penal, anticorrupção, tributária e trabalhista" (art. 60, parágrafo único, Lei nº 11.101/2005, com a redação dada pela Lei nº 14.112/2020).

A jurisprudência do TST, na mesma linha, assentou

> o entendimento de que o objeto da alienação efetuada em plano de recuperação judicial estará livre de quaisquer ônus, não se configurando a sucessão empresarial do arrematante, e isentando o comprador das dívidas e obrigações contraídas pelo devedor (...).[6]

Com relação ao plano de recuperação extrajudicial, só poderá ter como objeto créditos de natureza trabalhista e por acidentes de trabalho se assim for aprovado em negociação coletiva com o sindicato da categoria profissional (art. 161, § 1º, da Lei nº 11.101/2005, com a redação dada pela Lei nº 14.112/2020).

Importante!

A Justiça do Trabalho é competente para o reconhecimento do crédito trabalhista, momento em que é expedida certidão de crédito para fins de habilitação e inscrição no quadro-geral de credores na falência e na recuperação judicial (art. 6º, §§ 1º e 2º, da Lei nº 11.101/2005).

[6.] RR - 81142-10.2007.5.04.0013, Relator Ministro: Hugo Carlos Scheuermann, Data de Julgamento: 30/08/2017, 1ª Turma, Data de Publicação: DeJT 01/09/2017.

Outros entendimentos relevantes sobre a sucessão trabalhista:

Orientação Jurisprudencial n° 343 da SBDI-1 do TST:

> é válida a penhora em bens de pessoa jurídica de direito privado, realizada anteriormente à sucessão pela União ou por Estado-membro, não podendo a execução prosseguir mediante precatório. A decisão que a mantém não viola o art. 100 da CF/1988;

Orientação Jurisprudencial 408 da SBDI-1 do TST:

> é devida a incidência de juros de mora em relação aos débitos trabalhistas de empresa em liquidação extrajudicial sucedida nos moldes dos arts. 10 e 448 da CLT. O sucessor responde pela obrigação do sucedido, não se beneficiando de qualquer privilégio a este destinado;

Orientação Jurisprudencial n° 225 da SBDI-1 do TST:

> Celebrado contrato de concessão de serviço público em que uma empresa (primeira concessionária) outorga a outra (segunda concessionária), no todo ou em parte, mediante arrendamento, ou qualquer outra forma contratual, a título transitório, bens de sua propriedade: I – em caso de rescisão do contrato de trabalho após a entrada em vigor da concessão, a segunda concessionária, na condição de sucessora, responde pelos direitos decorrentes do contrato de trabalho, sem prejuízo da responsabilidade subsidiária da primeira concessionária pelos débitos trabalhistas contraídos até a concessão; II – no tocante ao contrato de trabalho extinto antes da vigência da concessão, a responsabilidade pelos direitos dos trabalhadores será exclusivamente da antecessora.

3

Contrato de trabalho

3.1 Contrato de trabalho

É o acordo tácito ou expresso, correspondente à relação de emprego (art. 442, CLT). Suas principais características são:

- **contrato de direito privado**;
- **contrato consensual**: salvo algumas exceções (por exemplo, o contrato de aprendizagem, obrigatoriamente por escrito), não se exigem formalidades essenciais para a celebração de contrato de trabalho, mostrando-se suficiente a manifestação de vontade das partes, tácita ou expressamente. Com efeito, "**o contrato individual de trabalho poderá ser acordado tácita ou expressamente, verbalmente ou por escrito** (...)" (art. 443, CLT, grifo nosso).
- **personalíssimo** *(intuitu personae)*: quanto à pessoa do empregado;
- **contrato de trato sucessivo**: as obrigações dos contratantes se sucedem continuamente no tempo;
- **contrato de atividade**: envolve a realização de um *fazer* pelo empregado;
- **oneroso**: as obrigações dos contratantes têm um valor econômico para ambos;

- **sinalagmático:** há uma correspondência presumida entre as obrigações dos contratantes;
- **dotado de alteridade:** o empregador assume os riscos da atividade econômica;
- **contrato complexo:** pode estar associado a outras modalidades contratuais (por exemplo, contrato de aluguel de veículo, de propriedade do trabalhador, para uso na execução dos serviços).

Os *elementos necessários* à celebração do contrato de trabalho são semelhantes aos exigidos para os negócios jurídicos em geral, quais sejam, agente capaz, objeto lícito, possível, determinado ou determinável, e forma prescrita ou não defesa em lei (art. 104, CCB). A inobservância desses elementos pode conduzir à nulidade do contrato (arts. 9º, CLT, e 166, I, II e IV, CCB).

No âmbito das relações de emprego, temos as seguintes peculiaridades quanto a esses elementos necessários:

- **Capacidade das partes:** a ordem constitucional proíbe qualquer trabalho a menores de 16 anos, salvo na condição de aprendiz, a partir de 14 anos (art. 7º, XXXIII).
A capacidade plena para os atos pertinentes às relações de emprego é obtida com 18 anos. Com efeito, o menor pode licitamente firmar recibo pelo pagamento dos salários. Entretanto, em se tratando de rescisão do contrato de trabalho, é vedado ao menor de 18 anos dar, sem assistência dos seus responsáveis legais, quitação ao empregador pelo recebimento da indenização que lhe for devida (art. 439, CLT).
Há restrição também quanto ao ajuizamento de ação trabalhista, pois a reclamação do menor de 18 anos deverá ser feita por seus "representantes legais e, na falta destes, pela Procuradoria da Justiça do Trabalho, pelo sindicato, pelo Ministério Público estadual ou curador nomeado em juízo" (art. 793, CLT).

Essas disposições da legislação consolidada independem da previsão da lei civil no sentido de que cessa a incapacidade do menor em razão do estabelecimento civil ou comercial, ou pela existência de relação de empregatícia que propicie ao menor com 16 anos completos economia própria (art. 5°, parágrafo único, V, CCB).

Observação: para os menores relativamente incapazes, há situações de *trabalho proibido*, pois há vedação constitucional de trabalho noturno, perigoso ou insalubre a menores de 18 anos (art. 7°, XXXIII).

- **Licitude do objeto**: o objeto do contrato é considerado, pela doutrina, o *trabalho* realizado pelo empregado. Se esse trabalho for ilícito, particularmente por configurar um tipo penal/criminal, o contrato será reputado nulo, não se reconhecendo nenhum efeito trabalhista.
- **Manifestação regular da vontade**: é necessário que a manifestação de vontade, pelos contratantes, tenha sido regular, hígida, apta, observadas as condicionantes próprias do Direito do Trabalho (como a indisponibilidade dos direitos trabalhistas).
- **Forma**: não é, em regra, da essência do contrato de trabalho. Para fins de prova, o contrato de trabalho pode ser demonstrado por quaisquer meios juridicamente válidos. Há contratos, no entanto, que exigem forma escrita, como, por exemplo, o contrato de trabalho intermitente (art. 452-A, CLT); o contrato de atleta profissional de desporto (art. 3°, § 1°, I, da Lei n° 9.615/1998); o contrato de trabalho rural de pequeno prazo (art. 14-A da Lei n° 5.889/1973); e o contrato de aprendizagem (art. 428, CLT).

O documento mais importante para a prova da relação de emprego e das principais condições laborais é a *carteira de trabalho e previdência social (CTPS)*, que merece um estudo detalhado.

3.1.1 Carteira de trabalho e previdência social

A CTPS é documento obrigatório para o exercício de qualquer emprego, inclusive de natureza rural, mesmo em caráter temporário. Curiosamente, a CLT prevê seu uso também "para o exercício por conta própria de atividade profissional remunerada" (art. 13). A regra é aplicável também a quem, proprietário rural ou não, trabalhe individualmente ou em regime de economia familiar (assim compreendido o trabalho dos membros da mesma família) indispensável à própria subsistência, e exercido em condições de mútua dependência e colaboração; ou, em regime de economia familiar e sem empregado, explore área não excedente do módulo rural ou de outro limite que venha a ser fixado, para cada região, pelo Ministério do Trabalho (art. 13, § 1º, CLT). A empresa que descumprir essas regras incorrerá em multa de valor igual a um salário mínimo regional (art. 55, CLT).

A CTPS será emitida pelo Ministério do Trabalho preferencialmente em meio eletrônico (art. 14, CLT) e adotará como identificação única do empregado seu número de inscrição no Cadastro de Pessoas Físicas (CPF) (art. 16, CLT).

No ato da contratação, cabe ao empregador receber a CTPS do empregado, contrarrecibo, devendo devolvê-la, devidamente anotada, no prazo de cinco dias. Devem ser anotadas na CTPS a data de admissão, a remuneração e as condições especiais, se houver, facultando-se a adoção de sistema manual, mecânico ou eletrônico, conforme instruções a serem expedidas pelo Ministério do Trabalho (art. 29, CLT). Com relação à remuneração, as anotações especificarão o salário, qualquer que seja forma de pagamento, em dinheiro ou em utilidades, e a estimativa de gorjeta (art. 29, § 1º, CLT).

Além disso, compete ao empregador fazer anotações na CTPS na data-base da categoria profissional; a qualquer tempo, por solicitação do empregado; na hipótese de rescisão contratual; ou em caso de necessidade de prova perante a Previdência Social (art. 29, § 2º, CLT).

O descumprimento dessas obrigações pelo empregador resultará na lavratura de auto de infração, pelo Fiscal do Trabalho, a quem compete, de ofício, comunicar a falta de anotação ao órgão competente, para o fim de instaurar o processo de anotação (art. 29, § 3º, CLT).

Outra observação importante é a de que o empregador não pode efetuar anotações desabonadoras à conduta do empregado na CTPS (art. 29, § 4º, CLT). Inobservada essa vedação, o empregador se submete ao pagamento da mesma multa prevista para a hipótese de extravio ou inutilização da CTPS, qual seja, metade do salário mínimo regional (art. 29, § 5º c/c art. 52, CLT), sem prejuízo de eventual indenização por danos morais causados ao empregado.

A retenção da CTPS pelo empregador, após o prazo legal (atualmente de cinco dias), enseja ao empregador, além de multa administrativa (art. 29, § 3º, CLT), o pagamento de indenização por danos morais. O TST já decidiu que "a retenção da CTPS por prazo superior ao previsto em lei enseja o pagamento de indenização por dano moral, sendo o dano presumível" (RR-1798-86.2011.5.03.0103, 6ª Turma, Relator Ministro Augusto César Leite de Carvalho, *DEJT* 08/11/2019).

Vale observar que a comunicação feita pelo trabalhador do número de sua inscrição no CPF ao empregador é equivalente à apresentação da CTPS em meio digital, dispensado o empregador da emissão de recibo (art. 29, § 6º, CLT). Além disso, os registros eletrônicos gerados pelo empregador nos sistemas informatizados da CTPS em meio digital correspondem às anotações legais (art. 29, § 7°, CLT). Por fim, a contar da anotação, o trabalhador deverá ter acesso às informações de sua CTPS no prazo de até 48 horas (art. 29, § 8°, CLT).

Há previsão de um procedimento administrativo, junto à Delegacia Regional do Trabalho, para a apresentação de reclamações dos empregados por falta ou recusa de anotação da CTPS.

A lei faculta ao empregado comparecer, pessoalmente ou por intermédio de seu sindicato, perante a Delegacia Regional ou outro órgão autorizado, para formular reclamação em caso de recusa da empresa a fazer as anotações legais ou a devolver a CTPS recebida (art. 36, CLT). Uma vez lavrado o termo de reclamação, será determinada a realização de diligência para instrução do feito, notificando-se posteriormente o reclamado, por carta registrada, na hipótese de persistir a recusa, para que, em dia e hora previamente estipulados, vá prestar esclarecimentos ou efetuar as devidas anotações na CTPS ou sua entrega (art. 37, CLT). Se o reclamado não comparecer, será lavrado termo de ausência, sendo considerado revel e confesso quanto aos termos da reclamação, e as anotações serão efetuadas por despacho da autoridade que processou a reclamação (art. 37, parágrafo único, CLT).

Caso o empregador compareça, mas se recuse a fazer as anotações demandadas, será lavrado termo de comparecimento, que conterá, além de outras indicações, o lugar, o dia e a hora de sua lavratura, o nome e a residência do empregador, sendo-lhe assegurado o prazo de 48 horas, a contar do termo, para apresentar defesa (art. 38, CLT). Encerrado o prazo para defesa, o processo será enviado à autoridade administrativa de primeira instância, para que sejam ordenadas diligências, que completem a instrução do feito, ou para julgamento, se o caso estiver suficientemente esclarecido (art. 38, parágrafo único, CLT).

Se for verificado que as alegações do reclamado dizem respeito à inexistência de relação empregatícia, ou sendo impossível constatar essa condição pelos meios administrativos, o processo será encaminhado à Justiça do Trabalho, ficando, então, sobrestado o julgamento do auto de infração (art. 39, CLT). Não havendo acordo, a Vara do Trabalho ordenará, na sentença, que a Secretaria efetue as anotações devidas, uma vez transitada em julgado, e comunique à autoridade competente para fins de aplicação da multa cabível (§ 1º). Esse procedimento também será observado na hipótese de processo trabalhista em que seja verificada a falta de anotações na CTPS, devendo o Juiz mandar proceder, desde logo, às anotações sobre as quais não haja controvérsia (§ 2º).

Os registros constantes da CTPS possuem força probatória nos casos de dissídios perante a Justiça do Trabalho, entre empregado e empregador, em razão de salário, férias ou tempo de serviço, ou para cálculo de indenização por acidente do trabalho ou doença laboral (art. 40, CLT). É importante lembrar que "as anotações apostas pelo empregador na carteira profissional do empregado não geram presunção 'juris et de jure', mas apenas 'juris tantum'" (Súmula nº 12, TST).

É obrigação do empregador, ainda, o registro dos respectivos trabalhadores em livro de registro, podendo ser utilizados livros, fichas ou sistemas eletrônicos, segundo instruções do Ministério do Trabalho (art. 41, CLT).[1] Deverão ser anotados, além da qualificação civil ou profissional de cada empregado, os dados pertinentes a admissão, duração e efetividade do trabalho, às férias, aos acidentes e às demais circunstâncias re-

---

[1]. Atualmente, pelos termos do Decreto nº 10.854/2021, também o Livro de Inspeção do Trabalho (art. 11), previsto no art. 628 da CLT, será disponibilizado, sem ônus, em meio eletrônico pelo Ministério do Trabalho, isso em relação a todas as empresas que tenham ou não empregados (eLIT).

levantes à proteção do trabalhador (art. 41, parágrafo único, CLT). Na hipótese de não serem informados tais dados, ficará o empregador sujeito à multa de R$ 600,00 por empregado prejudicado (art. 47-A, CLT).

Já a manutenção de empregado não registrado, nos termos legais, sujeita o empregador a multa no importe de R$ 3.000,00 (três mil reais) por empregado não registrado, acrescido de igual valor em cada reincidência (art. 47, CLT). Tratando-se, porém, de microempresa ou empresa de pequeno porte, o valor final da multa será de R$ 800,00 (§ 1º). Além disso, a infração ora examinada representa exceção ao critério da dupla visita (§ 2º).

Em seção específica acerca de outras *penalidades*, a legislação estabelece que, para fins de emissão, substituição ou anotação de CTPS, será considerado crime de falsidade, com as penalidades previstas no Código Penal (art. 299), as condutas de:

> I – fazer, no todo ou em parte, qualquer documento falso ou alterar o verdadeiro; II – afirmar falsamente a sua própria identidade, filiação, lugar de nascimento, residência, profissão ou estado civil e beneficiários, ou atestar os de outra pessoa; III – servir-se de documentos, por qualquer forma falsificados; IV – falsificar, fabricando ou alterando, ou vender, usar ou possuir Carteira de Trabalho e Previdência Social assim alteradas; V – anotar dolosamente em Carteira de Trabalho e Previdência Social ou registro de empregado, ou confessar ou declarar em juízo ou fora dele, data de admissão em emprego diversa da verdadeira (art. 49, CLT).

Comprovada a falsidade – seja nas declarações para emissão da CTPS, seja nas anotações correspondentes –, o fato será levado ao conhecimento da autoridade que emitiu a CTPS, para os fins de direito (art. 50, CLT).

Aquele que, comerciante ou não, vender ou colocar à venda qualquer tipo de carteira igual ou semelhante ao tipo oficial incorrerá em multa de valor igual a três vezes o salário mínimo regional (art. 51, CLT). O extravio ou a inutilização da CTPS por culpa da empresa sujeita essa última à multa correspondente a metade do salário mínimo regional (art. 52, CLT).

3.2 Teoria das nulidades no Direito do Trabalho

A lei civil estipula que, uma vez anulado o negócio jurídico, as partes serão restituídas ao estado em que antes dele se achavam, e, na impossibilidade de restituição, serão indenizadas com o equivalente (art. 182, CCB). Isso significa que a declaração de nulidade produz efeitos *ex tunc* (retroativos).

No âmbito das relações laborais, a questão é mais complicada porque, ainda que venha a ser declarada a nulidade do contrato, o trabalho já foi prestado, e seu valor já foi apropriado pelo empregador ou tomador dos serviços. Por isso, a teoria das nulidades, no Direito do Trabalho, indica que a regra geral é a produção de efeitos *ex nunc* (não retroativos).

Em uma relação de emprego envolvendo, por exemplo, trabalhador com idade inferior a 16 anos (não sendo a hipótese de aprendizagem), o contrato laboral deve ser declarado nulo (inclusive de ofício – art. 168, parágrafo único, CCB), diante da incapacidade absoluta de um dos contratantes. Contudo, *todos os efeitos e direitos trabalhistas serão reconhecidos ao trabalhador.*

Mas há situações em que são restringidos os efeitos das normas laborais, em razão da nulidade do contrato de trabalho. É o que se dá em casos de contratação, pela Administração

Pública, de trabalhador sem prévia aprovação em concurso público – *a nulidade se dá pela inobservância da forma de contratação prevista constitucionalmente*. Consoante a jurisprudência, a contratação de servidor público, após a Constituição/1988, sem prévia aprovação em concurso público, é vedada pelo art. 37, II e § 2°, conferindo-lhe direito ao pagamento da contraprestação ajustada, relativamente ao número de horas trabalhadas, respeitado o valor do salário mínimo hora, e dos valores correspondentes aos depósitos do FGTS (Súmula n° 363, TST).

Finalmente, há situações de ilicitude do trabalho prestado, por configurar tipo penal ou criminal, de maneira que o objeto do contrato é ilícito. A gravidade da contrariedade ao direito afasta a teoria trabalhista das nulidades, motivo pelo qual a declaração de nulidade, nessas hipóteses, produz efeitos *ex tunc*, não se reconhecendo, na relação jurídica assim formada, nenhuma consequência trabalhista. É nessa linha o entendimento de que "é nulo o contrato de trabalho celebrado para o desempenho de atividade inerente à prática do jogo do bicho, ante a ilicitude de seu objeto, o que subtrai o requisito de validade para a formação do ato jurídico" (Orientação Jurisprudencial n° 199, SBDI-1/TST).

3.3 Classificação dos contratos de trabalho

Com relação à necessidade ou não de formalização da manifestação de vontade dos contratantes, os pactos laborais podem ser classificados em *tácitos* (que não exigem formalização) e *expressos* (que exigem aquela formalização, como ocorre com o contrato do atleta profissional – Lei n° 9.615/1998).

Os contratos de trabalho também podem ser classificados de acordo com sua duração em *por tempo indeterminado* (que têm duração não definida, sendo essa a regra geral e, na falta de acordo de vontade em contrário, é o que se presume) e *por tempo determinado* (têm duração definida temporalmente, podendo ser pactuados apenas nas hipóteses previstas em lei).

A Lei nº 13.467/2017 inseriu na CLT, ainda, a possibilidade de celebração de contrato para a realização de *trabalho intermitente* (art. 443, CLT).

3.3.1 Contratos por prazo determinado previstos na CLT[2]

É o contrato cuja vigência esteja na dependência de termo prefixado ou da execução de serviços especificados ou ainda da realização de certo acontecimento suscetível de previsão aproximada (art. 443, § 1º, CLT). O contrato por prazo determinado será válido desde que se trate: "a) de serviço cuja natureza ou transitoriedade justifique a predeterminação do prazo; b) de atividades empresariais de caráter transitório; c) de contrato de experiência" (art. 443, § 2º, CLT).

Há regras específicas a serem observadas:

- **Prazo máximo e prorrogação:** não poderá ser estabelecido contrato de trabalho por prazo determinado com duração superior a dois anos (art. 445, CLT), admitida a prorrogação por uma única vez. O contrato laboral por prazo determinado que, de maneira tácita ou expressa, venha a ser prorrogado mais de uma vez passará a vigor sem prazo determinado (art. 451, CLT). Com relação especificamente ao contrato de experiência, sua duração não poderá exceder de 90 dias (art. 445, parágrafo único, CLT).

É válida, portanto, uma única prorrogação do contrato por prazo determinado, observando-se, ao final, o prazo máxi-

---

[2.] Há, ainda, hipóteses de contrato por prazo determinado previstas em legislação esparsa e na própria CLT, como o contrato do atleta profissional (arts. 28 a 30 da Lei nº 9.615/1998) e o contrato de aprendizagem (art. 428, § 2º, CLT), entre outros.

mo de dois anos de duração. Isso se aplica também ao contrato de experiência, que pode ser prorrogado, respeitado, porém, o limite máximo de 90 dias (Súmula n° 188, TST).

- **Sucessão temporal de contratos por prazo determinado**: todo contrato de trabalho que suceder, dentro do prazo de seis meses, a outro contrato por prazo determinado será considerado por prazo indeterminado, exceto se o término daquele (contrato por prazo determinado) dependeu da realização de serviços especializados ou da concretização de determinados acontecimentos (art. 452, CLT). O objetivo é evitar fraudes decorrentes de contratações sucessivas (e injustificadas) por prazo determinado.

3.3.2 Contrato por prazo determinado da Lei nº 9.601/1998

Esse diploma legal permite a instituição, *mediante norma coletiva*, de contrato por prazo determinado independentemente das condições do § 2º do art. 443 da CLT, em qualquer atividade da empresa ou estabelecimento, "para admissões que representem acréscimo no número de empregados" (art. 1º). Para esses contratos, não vale a regra do art. 451 da CLT, relativamente ao limite de prorrogações dos contratos por prazo determinado (art. 1º, § 2º, Lei n° 9.601/1998).

3.3.3 Contrato para prestação de trabalho intermitente

Inserido pela Lei n° 13.467/2017, o § 3º do art. 443 da CLT considera intermitente o contrato de trabalho em que a realização dos serviços, efetuada com subordinação, não é contínua, dando-se com a alternância de períodos de prestação de serviços e de inatividade, determinados em horas, dias ou meses, independentemente do tipo de atividade do empregado e do empregador, salvo para os aeronautas, que são regidos por legislação particular.

O contrato de trabalho intermitente deve ser celebrado por escrito, devendo conter, de forma específica, o valor da hora de trabalho, que não poderá ser inferior ao valor horário do salário mínimo ou o montante devido aos demais empregados do estabelecimento que exerçam a mesma função em contrato intermitente ou não (art. 452-A, CLT).

Nessa modalidade de pacto laboral, consoante os parágrafos do art. 452 da CLT, o empregador efetuará a convocação do empregado, por qualquer meio de comunicação eficaz, para a consecução dos serviços, informando a jornada, com, no mínimo, três dias corridos de antecedência (§ 1º). Uma vez recebida a convocação, o empregado terá o prazo de um dia útil para respondê-la, sendo presumida a recusa em caso de silêncio (§ 2º). Importante notar que a recusa da oferta não desconfigura a subordinação para fins do contrato de trabalho intermitente (§ 3º). E, aceita a oferta para o comparecimento, a parte que a descumprir, sem justo motivo, pagará à outra, no prazo de 30 dias, multa correspondente a 50% da remuneração que seria devida, autorizada a compensação em igual prazo (§ 4º).

No contrato de trabalho intermitente, o período de inatividade não é considerado tempo à disposição do empregado, podendo o trabalhador executar serviços a outros contratantes (§ 5º).

Encerrado cada período de prestação de serviços, o empregado tem direito a receber o pagamento imediato de remuneração, férias proporcionais + 1/3, décimo terceiro salarial proporcional, repouso semanal remunerado e adicionais legais (§ 6º). No recibo de pagamento, deverá constar a discriminação dos valores pagos relativamente a cada uma dessas parcelas

(§ 7º). Cabe ao empregador, ainda, efetuar o recolhimento da contribuição previdenciária e o depósito do FGTS, nos termos legais, com base nos valores pagos no período mensal, fornecendo ao empregado o comprovante de cumprimento dessas obrigações (§ 8º).

O empregado adquire, a cada 12 meses, para ser usufruído nos 12 subsequentes, o direito a um mês de férias, período em que não poderá ser convocado para prestar serviços ao mesmo empregador (§ 9º).

3.4 Alterações do contrato de trabalho

As alterações do contrato de trabalho podem ser classificadas em *subjetivas* e *objetivas*. As primeiras se caracterizam pela alteração dos sujeitos contratantes, particularmente quanto à figura do empregador, como já visto, na hipótese de *sucessão trabalhista ou de empregadores*. A segunda modalidade de alterações do contrato – *objetivas* – alcança as cláusulas ajustadas e as condições laborais, decorrendo de modificações em normas jurídicas ou da vontade dos contratantes, podendo, ainda, ser classificadas em *qualitativas* (que tratam da natureza do trabalho pactuado, como, por exemplo, a função), *quantitativas* (que alcançam o montante ajustado da prestação dos serviços, como a ampliação ou a redução da jornada de trabalho, ou, ainda, o valor do salário), *circunstanciais* (relativas à condição ambiental de prestação laboral, como a modificação do local de trabalho), e *favoráveis* ou *desfavoráveis* ao empregado.

O princípio geral que orienta o tema é o da *inalterabilidade contratual lesiva*, positivado na regra de que, nos contratos individuais de trabalho, é lícita a alteração das respectivas condições tão somente por mútuo consentimento e ainda assim desde que não resultem, de forma direta ou indireta, prejuízos ao empregado, sob pena de nulidade da cláusula que infringir esta garantia (art. 468, CLT).

Não obstante, como desdobramento do poder diretivo, o empregador detém o chamado *ius variandi empresarial*, que corresponde à prerrogativa de alterar, ajustar e adequar as circunstâncias da prestação dos serviços, *sem ofensa às leis e ao contrato de trabalho*, bem como, em certos casos, de modificar o próprio pacto laboral.

O *ius variandi* é dividido em *ordinário*, que diz respeito à modificação de aspectos da prestação de serviços não regulados, anteriormente, por norma jurídica ou pelo contrato de trabalho, geralmente elementos não essenciais da relação de emprego; e *extraordinário*, que incide sobre aspectos já regulados pelo contrato ou por norma jurídica, sendo relativo à possibilidade de alteração unilateral de cláusulas do contrato de trabalho, de forma temporária ou não, em situações previstas ou não pelo ordenamento jurídico.

É importante notar que alterações do contrato de trabalho favoráveis ao empregado são, em regra, válidas, não suscitando maiores questionamentos. Por isso, a questão mais importante cuida de modificações, unilaterais ou bilaterais, prejudiciais ao empregado, como se passa a examinar.

Maurício Godinho Delgado (2019, p. 1217/1218) identifica três situações em que há exercício válido do *ius variandi*, mesmo com prejuízo ao empregado:

- **Autorização, explícita ou implícita, da ordem jurídica à modificação unilateral e transitória de cláusulas do contrato, exigida diante de causas excepcionais ocorridas independentemente da vontade do empregador**: trata-se de situações de emergência, de natureza transitória. Assim, em caso de necessidade imperiosa, a duração laboral poderá exceder o limite legal ou convencional, tanto para fazer face a motivo de força maior, quanto para atender à realização ou conclusão de serviços considerados inadiáveis, ou cuja não realização possa acarretar prejuízo manifesto (art. 61, CLT). O excesso de jornada, nesses casos, pode ser exigido independentemente de norma coletiva (art. 61, § 1°, CLT). A legislação prevê que, nas hipóteses de excesso de horário por motivo de força maior, a remuneração da hora excedente não poderá ser menor à da hora normal, e, nos demais casos de excesso, a remuneração será, no mínimo, 25% superior à da hora normal, não podendo o trabalho exceder de 12 horas, desde que não haja previsão legal expressa de outro limite (art. 61, § 2°, CLT). *Não obstante, o preceito deve ser lido à luz da Constituição, que prevê remuneração do serviço extraordinário superior, no mínimo, a 50% à do trabalho normal (art. 7°, XVI)* – ou seja, a previsão de pagamento de adicional de hora extra de 25% não foi recepcionada pela Constituição. No mais, sempre que houver interrupção do labor, resultante de causas acidentais, ou de força maior, que gerem a impossibilidade de sua realização, a duração do trabalho poderá ser prorrogada pelo tempo que se fizer necessário até o máximo de duas horas, durante a quantidade de dias indispensáveis à recuperação do tempo perdido, desde que não exceda de 10 horas diárias, em período não excedente a 45 dias por ano, submetida essa recuperação à autorização prévia da autoridade competente (art. 61, § 3°, CLT).

- **Autorização, explícita ou implícita, da ordem jurídica à modificação, pelo empregador, de cláusulas contratuais, de modo permanente ou não, diante de necessidades próprias à dinâmica e à rotina empresariais:** há diversos exemplos na legislação trabalhista: o empregado chamado a ocupar, em comissão, de forma interina, ou em substituição eventual ou temporária, cargo diverso do que exercer na empresa, tem garantidas a contagem do tempo naquele serviço e a volta ao cargo anterior (art. 450, CLT); não é considerada modificação unilateral do contrato de trabalho a determinação do empregador para que o respectivo empregado reverta ao cargo efetivo, anteriormente ocupado, deixando de exercer função de confiança (art. 468, § 1°, CLT); é vedado ao empregador transferir o empregado, sem sua concordância, para localidade diferente da que resultar do pacto laboral, não se considerando transferência a que não implicar necessariamente a alteração de seu domicílio (art. 469, CLT). Porém, na hipótese de necessidade do serviço, poderá o empregador transferir o empregado para localidade distinta da que resultar do pacto laboral, a par das restrições legais, mas, nesse caso, estará obrigado a efetuar pagamento suplementar, não inferior a 25% dos salários que o empregado percebia naquela localidade, enquanto perdurar essa situação (art. 469, § 3°, CLT); e a transferência do empregado do período noturno para o diurno, modificação em que há perda do direito ao adicional noturno (Súmula n° 265, TST).

- **Autorização da ordem jurídica à modificação, pelo empregador, de cláusulas contratuais, em face da autonomia privada coletiva (negociação coletiva)**: hipóteses em que o negociado coletivamente prevalece sobre o legislado e o pactuado individualmente. Diversas situações estão previstas no art. 7° da Constituição: "irredutibilidade do salário, salvo o disposto em convenção ou acordo coletivo" (inciso VI); "duração do trabalho normal não superior a oito horas diárias e quarenta e quatro semanais, facultada a compensação de horários e a redução da jornada, mediante acordo ou convenção coletiva de trabalho" (inciso XIII); "jornada de seis horas para o trabalho realizado em turnos ininterruptos de revezamento, salvo negociação coletiva" (inciso XIV). Acrescentem-se, ainda, as hipóteses previstas no art. 611-A da CLT, com as restrições contidas no art. 611-B da CLT (ambos inseridos pela Lei n° 13.467/2017).[3]

[3.] "Art. 611-A. A convenção coletiva e o acordo coletivo de trabalho têm prevalência sobre a lei quando, entre outros, dispuserem sobre:
I – pacto quanto à jornada de trabalho, observados os limites constitucionais;
II – banco de horas anual;
III – intervalo intrajornada, respeitado o limite mínimo de trinta minutos para jornadas superiores a seis horas;
IV – adesão ao Programa Seguro-Emprego (PSE), de que trata a Lei n° 13.189, de 19 de novembro de 2015;
V – plano de cargos, salários e funções compatíveis com a condição pessoal do empregado, bem como identificação dos cargos que se enquadram como funções de confiança;
VI – regulamento empresarial;
VII – representante dos trabalhadores no local de trabalho;
VIII – teletrabalho, regime de sobreaviso, e trabalho intermitente;
IX – remuneração por produtividade, incluídas as gorjetas percebidas pelo empregado, e remuneração por desempenho individual;
X – modalidade de registro de jornada de trabalho;
XI – troca do dia de feriado;
XII – enquadramento do grau de insalubridade;
XIII – prorrogação de jornada em ambientes insalubres, sem licença prévia das autoridades competentes do Ministério do Trabalho;
XIV – prêmios de incentivo em bens ou serviços, eventualmente concedidos em programas de incentivo;
XV – participação nos lucros ou resultados da empresa.
§ 1° No exame da convenção coletiva ou do acordo coletivo de trabalho, a Justiça do Trabalho observará o disposto no § 3° do art. 8° desta Consolidação.
§ 2° A inexistência de expressa indicação de contrapartidas recíprocas em convenção coletiva ou acordo coletivo de trabalho não ensejará sua nulidade por não caracterizar um vício do negócio jurídico.
§ 3° Se for pactuada cláusula que reduza o salário ou a jornada, a convenção coletiva ou o acordo coletivo de trabalho deverão prever a proteção dos empregados contra dispensa imotivada durante o prazo de vigência do instrumento coletivo.
§ 4° Na hipótese de procedência de ação anulatória de cláusula de convenção coletiva ou de acordo coletivo de trabalho, quando houver a cláusula compensatória, esta deverá ser igualmente anulada, sem repetição do indébito.
§ 5° Os sindicatos subscritores de convenção coletiva ou de acordo coletivo de trabalho deverão participar, como litisconsortes necessários, em ação individual ou coletiva, que tenha como objeto a anulação de cláusulas desses instrumentos".
"Art. 611-B. Constituem objeto ilícito de convenção coletiva ou de acordo coletivo de trabalho, exclusivamente, a supressão ou a redução dos seguintes direitos:
I – normas de identificação profissional, inclusive as anotações na Carteira de Trabalho e Previdência Social;
II – seguro-desemprego, em caso de desemprego involuntário;
III – valor dos depósitos mensais e da indenização rescisória do Fundo de Garantia do Tempo de Serviço (FGTS);
IV – salário mínimo;
V – valor nominal do décimo terceiro salário;
VI – remuneração do trabalho noturno superior à do diurno;
VII – proteção do salário na forma da lei, constituindo crime sua retenção dolosa;

3.5 Suspensão e interrupção do contrato de trabalho

É importante, de início, diferenciar as duas situações. Na *suspensão do contrato de trabalho*, tem-se a sustação recíproca dos efeitos do contrato (direitos e obrigações), em relação a

VIII – salário-família;
IX – repouso semanal remunerado;
X – remuneração do serviço extraordinário superior, no mínimo, em 50% (cinquenta por cento) à do normal;
XI – número de dias de férias devidas ao empregado;
XII – gozo de férias anuais remuneradas com, pelo menos, um terço a mais do que o salário normal;
XIII – licença-maternidade com a duração mínima de cento e vinte dias;
XIV – licença-paternidade nos termos fixados em lei;
XV – proteção do mercado de trabalho da mulher, mediante incentivos específicos, nos termos da lei;
XVI – aviso prévio proporcional ao tempo de serviço, sendo no mínimo de trinta dias, nos termos da lei;
XVII – normas de saúde, higiene e segurança do trabalho previstas em lei ou em normas regulamentadoras do Ministério do Trabalho;
XVIII – adicional de remuneração para as atividades penosas, insalubres ou perigosas;
XIX – aposentadoria;
XX – seguro contra acidentes de trabalho, a cargo do empregador;
XXI – ação, quanto aos créditos resultantes das relações de trabalho, com prazo prescricional de cinco anos para os trabalhadores urbanos e rurais, até o limite de dois anos após a extinção do contrato de trabalho;
XXII – proibição de qualquer discriminação no tocante a salário e critérios de admissão do trabalhador com deficiência;
XXIII – proibição de trabalho noturno, perigoso ou insalubre a menores de dezoito anos e de qualquer trabalho a menores de dezesseis anos, salvo na condição de aprendiz, a partir de quatorze anos;
XXIV – medidas de proteção legal de crianças e adolescentes;
XXV – igualdade de direitos entre o trabalhador com vínculo empregatício permanente e o trabalhador avulso;
XXVI – liberdade de associação profissional ou sindical do trabalhador, inclusive o direito de não sofrer, sem sua expressa e prévia anuência, qualquer cobrança ou desconto salarial estabelecidos em convenção coletiva ou acordo coletivo de trabalho;
XXVII – direito de greve, competindo aos trabalhadores decidir sobre a oportunidade de exercê-lo e sobre os interesses que devam por meio dele defender;
XXVIII – definição legal sobre os serviços ou atividades essenciais e disposições legais sobre o atendimento das necessidades inadiáveis da comunidade em caso de greve;
XXIX – tributos e outros créditos de terceiros;
XXX – as disposições previstas nos arts. 373-A, 390, 392, 392-A, 394, 394-A, 395, 396 e 400 desta Consolidação.
Parágrafo único. Regras sobre duração do trabalho e intervalos não são consideradas como normas de saúde, higiene e segurança do trabalho para os fins do disposto neste artigo".

ambos os contratantes, sem prejuízo da continuidade do pacto laboral. Já na *interrupção* ocorre a sustação temporária da principal obrigação do empregado, a prestação do trabalho, preservando-se em vigor as demais cláusulas contratuais.

Na suspensão, tem-se a ampla sustação das cláusulas contratuais, não havendo, como regra, cômputo do tempo de serviço, pagamento de salário etc. Além disso, o empregador se vê impedido de exercer a faculdade de rescindir o contrato de trabalho, salvo por justa causa dada pelo empregado. Isso porque, nos termos legais, o empregado afastado do emprego tem asseguradas, por ocasião de seu retorno, todas as vantagens que, em sua ausência, foram atribuídas à categoria profissional a que pertencia na empresa (art. 471, CLT).

> Na interrupção, por sua vez, o contrato e suas cláusulas permanecem em execução, salvo quanto à prestação dos serviços pelo empregado, havendo, porém, contagem do serviço e pagamento de salários.

As principais *hipóteses de suspensão contratual previstas em lei são:*

- **Afastamento do trabalho, a partir do 16º dia, em razão de doença (comum ou do trabalho) ou acidente do trabalho**, consoante previsão do art. 476 da CLT: "em caso de seguro--doença ou auxílio-enfermidade, o empregado é considerado em licença não remunerada, durante o prazo desse benefício". É importante observar que é presumido o abandono de emprego caso o trabalhador não retorne ao serviço no interregno de 30 dias após a cessação do benefício previdenciário nem justifique o motivo de não o fazer (Súmula nº 32, TST).
- **Aposentadoria por invalidez**: nos termos legais, o empregado que venha a ser aposentado por invalidez terá suspenso seu pacto laboral durante o prazo previsto na legislação

previdenciária para a efetivação do benefício (art. 475, CLT). Uma vez recuperada a capacidade de trabalho e havendo o cancelamento da aposentadoria, o empregado terá garantido o direito à função que ocupava à época da aposentadoria, sendo facultado ao empregador, contudo, o direito de indenizá-lo por rescisão do contrato de trabalho, salvo na hipótese de ele ser portador de estabilidade (art. 475, § 1º, CLT). A jurisprudência também indica que, tendo sido cancelada a aposentadoria por invalidez, ainda que após o prazo de cinco anos, o trabalhador terá direito a retornar ao emprego, mas o empregador tem a faculdade de indenizá-lo nos termos legais (Súmula nº 160, TST).[4]

- **Afastamento por exigência de serviço militar obrigatório ou outro encargo público (exceto os casos de interrupção):** o afastamento do empregado em razão das exigências do serviço militar, ou de outro encargo público, não é motivo para alteração ou rescisão do contrato laboral pelo empregador (art. 472, CLT). Para que o empregado tenha direito de retornar ao cargo do qual se afastara em razão das exigências do serviço militar ou de encargo público, é imprescindível que notifique o empregador dessa intenção, por telegrama ou carta registrada, no prazo máximo de 30 dias, a contar da data em que ocorreu a respectiva baixa ou o término do encargo público a que estava obrigado (art. 472, § 1º, CLT).

- **Suspensão do contrato para participação do empregado em curso ou programa de qualificação profissional oferecido**

[4.] A parte final do art. 475, § 1º, da CLT faz referência aos arts. 477 e 478 e à indenização do art. 497, todos da CLT. Entretanto, tais dispositivos referiam-se ao sistema da estabilidade decenal e de indenizações correspondentes, não mais vigente desde a promulgação da Constituição de 1988. Por conseguinte, o preceito deve ser compreendido no sentido de se assegurar ao trabalhador que teve cancelada sua aposentadoria os mesmos direitos de uma dispensa imotivada ou sem justa causa, exceto se se tratar de detentor de garantia de emprego (art. 118 da Lei nº 8.213/1991), hipótese em que essa garantia deve ser observada e, não sendo possível, indenizada pelos salários do período correspondente (Súmula nº 396, I, TST).

pelo empregador: há a possibilidade de suspensão do contrato de trabalho, por interregno de dois a cinco meses, para que o empregado participe de curso ou programa de qualificação profissional oferecido pelo empregador, com duração equivalente à suspensão do contrato, exigindo-se previsão em norma coletiva e anuência formal do empregado, observando-se o disposto no art. 471 da CLT (art. 476-A, CLT).

Concedida a autorização mediante convenção ou acordo coletivo, cabe ao empregador notificar o sindicato profissional, com antecedência mínima de 15 dias da suspensão do contrato (art. 476-A, § 1°, CLT). O contrato não poderá, pela hipótese aqui tratada, ser suspenso mais de uma vez no período de 16 meses (§ 2°). Poderá o empregador conceder ao empregado uma ajuda compensatória mensal, sem caráter salarial, durante o período de suspensão do contrato, com montante a ser fixado em norma coletiva (§ 3°). O empregado terá direito aos benefícios concedidos de maneira voluntária pelo empregador durante o período de suspensão do contrato (§ 4°). No caso de dispensa do empregado no transcurso do período de suspensão contratual, ou nos três meses seguintes ao seu retorno, o empregador pagará, além das verbas indenizatórias previstas em lei, multa a ser estipulada em convenção ou acordo coletivo, sendo de, no mínimo, cem por cento sobre o importe da última remuneração mensal anterior à suspensão contratual (§ 5°). Fica descaracterizada a suspensão se, durante a suspensão do contrato, não for ministrado o curso ou o programa de qualificação profissional, ou o empregado permanecer trabalhando para o empregador, submetendo-se esse último ao imediato pagamento dos salários e dos encargos sociais referentes ao período, às penalidades cabíveis dispostas na lei e às sanções previstas em convenção ou acordo coletivo (§ 6°). O prazo limite acima referido – de dois a cinco meses – pode ser prorrogado mediante norma coletiva e anuência formal do empregado, desde que o empregador assuma o encargo correspondente ao valor da bolsa de qualificação profissional, no período respectivo (§ 7º).

- **Participação em greve** (art. 7º, Lei nº 7.783/1989).
- **Suspensão por motivo disciplinar de, no máximo, 30 dias:** a suspensão do empregado por período superior a 30 dias consecutivos caracteriza rescisão injusta do contrato de trabalho (art. 474, CLT).
- **Suspensão de empregado estável para instauração de inquérito para apuração de falta grave, caso reconhecida em juízo a falta grave:** nos termos legais, o empregado que venha a ser acusado de falta grave poderá ser suspenso do trabalho, mas sua despedida se tornará efetiva tão somente depois do inquérito judicial em que se verifique a procedência da acusação (art. 494, CLT). A previsão refere-se apenas a empregados que detêm estabilidade provisória no emprego e estão sujeitos à dispensa tão somente mediante falta grave reconhecida em inquérito judicial, como é o caso do dirigente sindical. Os efeitos da suspensão estão, porém, condicionados à procedência do pedido formulado na ação de inquérito. Isso porque, uma vez declarada a inexistência de falta grave, o empregador fica obrigado a readmitir o empregado no serviço e a pagar-lhe os salários a que teria direito no período da suspensão (art. 495, CLT).

A legislação estabelece, no entanto, algumas relativizações quanto aos efeitos jurídicos de determinadas hipóteses de suspensão do contrato de trabalho. Assim é que os períodos em que o empregado estiver afastado prestando serviço militar ou em razão de acidente do trabalho serão computados como tempo de serviço para fins de indenização e de estabilidade (art. 4º, § 1º, CLT), além de ser obrigatório o depósito, pelo empregador, na conta vinculada do FGTS (art. 28, I e III, Decreto nº 99.684/1990).

No mesmo sentido é o reconhecimento do direito à manutenção do plano de saúde ou de assistência médica ofertado pelo empregador ao empregado, a despeito da suspensão do contrato de trabalho em decorrência de auxílio-doença acidentário ou de aposentadoria por invalidez (Súmula n° 440, TST).

Dentre as *principais hipóteses de interrupção contratual previstas em lei*, temos as seguintes:

- **comparecimento em juízo, na condição de parte ou testemunha** (arts. 473, VIII, e 822, CLT);
- **afastamento do trabalho em razão de doença ou acidente laboral, por até 15 dias**;
- **descansos trabalhistas** (férias, intervalos intra e interjornada, DSR);
- **licença-maternidade**;
- **licença-paternidade**: afastamento garantido por cinco dias (art. 10, § 1°, ADCT), mas prorrogável por mais 15 dias (20 dias no total), no caso de empregado de empresa que participe do Programa Empresa Cidadã (Lei n° 11.770/2008);
- **repouso remunerado de até duas semanas**, em caso de aborto (art. 395, CLT);
- **interrupção do trabalho**, decorrente de causas acidentais ou de força maior (art. 61, § 3°, CLT);
- **demais hipóteses do art. 473 da CLT**:
    - até 2 (dois) dias consecutivos, em caso de falecimento do cônjuge, ascendente, descendente, irmão ou pessoa que, declarada em sua carteira de trabalho e previdência social, viva sob sua dependência econômica;
    - até 3 (três) dias consecutivos, em virtude de casamento
    - por um dia, em cada 12 (doze) meses de trabalho, em caso de doação voluntária de sangue devidamente comprovada;

- até 2 (dois) dias consecutivos ou não, para o fim de se alistar eleitor, nos termos da lei respectiva;
- nos dias em que estiver comprovadamente realizando provas de exame vestibular para ingresso em estabelecimento de ensino superior;
- pelo tempo que se fizer necessário, quando, na qualidade de representante de entidade sindical, estiver participando de reunião oficial de organismo internacional do qual o Brasil seja membro;
- até 2 (dois) dias para acompanhar consultas médicas e exames complementares durante o período de gravidez de sua esposa ou companheira;
- por 1 (um) dia por ano para acompanhar filho de até 6 (seis) anos em consulta médica.

3.5.1 Hipótese controvertida

Afastamento da trabalhadora em razão de violência doméstica e familiar (Lei nº 11.340/2006 – Lei Maria da Penha). À mulher em situação de violência doméstica e familiar é garantida assistência prestada de maneira articulada e segundo os princípios e as diretrizes previstos na Lei Orgânica da Assistência Social, no Sistema Único de Saúde, no Sistema Único de Segurança Pública e em outras normas e políticas públicas de proteção, além de emergencialmente, quando for necessário (art. 9º, Lei nº 11.340/2006).

Dentre as medidas de proteção previstas em lei, tem-se a previsão de que o juiz assegurará à mulher em situação de violência doméstica e familiar, com o objetivo de preservar sua integridade física e psicológica: (i) acesso prioritário à remoção, quando se tratar de servidora pública, integrante da Administração direta ou indireta; (ii) manutenção do vínculo trabalhista, quando for necessário afastar-se do local de labor, por até seis meses. Discute-se se, nessa última hipótese, haveria *suspensão* ou *interrupção* do contrato de trabalho.

Há precedente do Superior Tribunal de Justiça, reconhecendo que:

> tem direito ao recebimento de salário a vítima de violência doméstica e familiar que teve como medida protetiva imposta ao empregador a manutenção de vínculo trabalhista em decorrência de afastamento do emprego por situação de violência doméstica e familiar, **ante o fato de a natureza jurídica do afastamento ser a interrupção do contrato de trabalho,** por meio de interpretação teleológica da Lei n. 11.340/2006 (REsp 1.757.775/SP, j. 20/08/2019 – grifo nosso).

Ante a falta de previsão legal, a Corte entendeu incidir o auxílio-doença, equiparando-se a situação aos casos de doença da segurada, realizando-se interpretação extensiva da Lei Maria da Penha. Afirmou, então, o Tribunal que

> cabe ao empregador o pagamento dos quinze primeiros dias de afastamento da empregada vítima de violência doméstica e familiar e fica a cargo do INSS o pagamento do restante do período de afastamento estabelecido pelo juiz, com necessidade de apresentação de atestado que confirme estar a ofendida incapacitada para o trabalho e desde que haja aprovação do afastamento pela perícia do INSS, por incidência do auxílio-doença, aplicado ao caso por meio de interpretação analógica.[5]

---

[5] REsp 1757775/SP, Rel. Ministro Rogerio Schietti Cruz, Sexta Turma, julgado em 20/08/2019, DJe 02/09/2019.

A Lei nº 13.846/2019 aponta no mesmo sentido, alterando os arts. 120 e 121 da Lei nº 8.213/1991 para estabelecer que a Previdência Social ajuizará ação regressiva contra os responsáveis na hipótese de violência doméstica e familiar contra a mulher (art. 120, II) e que o pagamento de prestações previdenciárias decorrentes dessa mesma hipótese não exclui a responsabilidade civil do responsável pela violência doméstica e familiar (art. 121).

3.5.2 Causas interruptivas e suspensivas em contratos por prazo determinado

Em pactos por prazo determinado, o tempo de afastamento, caso assim acordem as partes interessadas, não será considerado na contagem do prazo para o respectivo término (art. 472, § 2º, CLT). Não obstante, é importante considerar que, ao empregado afastado do emprego, são garantidas, quando de seu retorno, todas as vantagens que, em sua ausência, tenham sido atribuídas à categoria a que pertence na empresa (art. 471, CLT).

Em razão disso, tem-se a impossibilidade de término do contrato durante a causa interruptiva ou suspensiva, de maneira que o contrato teria sua extinção prorrogada ao dia imediatamente seguinte ao término da interrupção ou da suspensão. É nesse sentido o entendimento da jurisprudência, ao afirmar que a projeção do pacto laboral para o futuro, pela concessão do aviso prévio indenizado, produz efeitos limitados às vantagens econômicas obtidas no período de pré-aviso (isto é, salários, reflexos e verbas rescisórias). Na hipótese de concessão de auxílio-doença no curso do aviso prévio, porém, os efeitos da dispensa se concretizam tão somente depois de expirado o benefício previdenciário (Súmula nº 371, TST).

4

Terceirização trabalhista

4.1 Terceirização trabalhista

Até a edição das Leis n° 13.429/2017 e n° 13.467/2017, a principal orientação jurídica acerca da terceirização trabalhista era fornecida pela Súmula n° 331 do TST. Esse verbete enuncia que a contratação de trabalhadores por empresa interposta é ilegal, formando-se, então, o vínculo empregatício diretamente com o tomador dos serviços, exceto na hipótese de trabalho temporário, regido pela Lei n° 6.019/1974 (item I). Além disso, não gera vínculo de emprego com Administração Pública direta, indireta ou fundacional a contratação irregular de trabalhador, mediante empresa interposta (item II).

A súmula contém, ainda, a indicação de que a terceirização em atividades-meio da tomadora dos serviços é considerada lícita. Com efeito, aponta o verbete que: "não forma vínculo de emprego com o tomador a contratação de serviços de vigilância (Lei n° 7.102, de 20/06/1983) e de conservação e limpeza, bem como a de serviços especializados ligados à atividade-meio do tomador, desde que inexistente a pessoalidade e a subordinação direta" (item III). Não se tratando de terceirização de atividade-meio do tomador dos serviços, mas, sim, de atividade-fim, a terceirização é reputada ilegal pela súmula, acarretando o reconhecimento do vínculo de emprego entre o trabalhador e o tomador.

Com relação à responsabilidade do tomador dos serviços (nas hipóteses de terceirização lícita), a súmula afirma que essa responsabilidade é subsidiária, diante do inadimplemento das obrigações trabalhistas, por parte do empregador, desde que o tomador tenha participado da relação processual e também conste do título executivo judicial (item IV). Por sua vez, os entes da Administração Pública direta e indireta também respondem subsidiariamente caso seja evidenciada sua conduta culposa no cumprimento das obrigações previstas na Lei nº 8.666/1993 (Lei de Licitações), sobretudo na fiscalização do adimplemento das obrigações contratuais e legais da empresa prestadora de serviços. Essa responsabilidade não decorre do mero inadimplemento das obrigações trabalhistas assumidas pela empresa regularmente contratada (item V), ou seja, a culpa da Administração Pública, direta ou indireta, deve restar demonstrada.[1] Em qualquer hipótese, a responsabilidade subsidiária do tomador de serviços alcança todas as verbas resultantes da condenação referentes ao período da prestação laboral (item VI).

No julgamento do RE nº 760931/DF, o Supremo Tribunal Federal firmou, com repercussão geral, a tese de que "o inadimplemento dos encargos trabalhistas dos empregados do contratado não transfere automaticamente ao Poder Público contratante a responsabilidade pelo seu pagamento, seja em

---

[1.] A Lei nº 8.666/1993 atribuía à Administração Pública o dever de fiscalizar a execução dos contratos administrativos, consoante o disposto nos arts. 58, III, e 67, caput e § 1º, A Lei nº 14.133/2021, que revogou a Lei nº 8.666/1993, prevê a responsabilidade subsidiária da Administração Pública pelos encargos trabalhistas, nas contratações de serviços contínuos com dedicação exclusiva, caso seja comprovada a falha na fiscalização do cumprimento das obrigações do contratado (art. 121, § 2º).

caráter solidário ou subsidiário, nos termos do art. 71, § 1°, da Lei n° 8.666/93".²

Além disso, no julgamento da ADPF 324 e do RE 958252, o STF entendeu, relativamente ao período anterior às Leis n° 13.429/2017 e n° 13.467/2017, que não é válida a limitação da terceirização à atividade meio do tomador dos serviços. Foi firmada, então, a seguinte tese, com repercussão geral:

> 1. É lícita a terceirização de toda e qualquer atividade, meio ou fim, não se configurando relação de emprego entre a contratante e o empregado da contratada.
>
> 2. Na terceirização, compete à contratante: i) verificar a idoneidade e a capacidade econômica da terceirizada; e ii) responder subsidiariamente pelo descumprimento das normas trabalhistas, bem como por obrigações previdenciárias, na forma do art. 31 da Lei n° 8.212/1993.

As Leis n° 13.429/2017 e n° 13.467/2017 alteraram a Lei n° 6.019/1974, que, originalmente, cuidava apenas do trabalho temporário nas empresas urbanas. Após a modificação, o diploma passou, portanto, a dispor também sobre a prestação de serviços a terceiros (isto é, a terceirização de serviços).³

A prestação de serviços a terceiros é definida pela Lei n° 6.019/1974 como a transferência feita pela contratante da execução de quaisquer de suas atividades, incluindo sua atividade principal, à pessoa jurídica de direito privado prestadora de serviços que detenha capacidade econômica compatível com a sua execução (art. 4°-A). A empresa prestadora de servi-

---

2. Relator(a) p/ Acórdão: Min. Luiz Fux, Tribunal Pleno, DJe-206, Divulg. 11/09/2017, Public. 12/09/2017.
3. O Decreto n° 10.854/2021, nesse aspecto, explicita que o trabalho temporário não se confunde com a prestação de serviços a terceiros (art. 42).

ços é responsável por contratar, remunerar e dirigir o trabalho realizado por seus trabalhadores, ou subcontratar outras empresas para a realização desses serviços (art. 4-A, § 1º). Não há configuração de vínculo empregatício entre os trabalhadores, ou sócios das empresas prestadoras de serviços, qualquer que seja o seu ramo, e a empresa contratante (art. 4-A, § 2º).[4]

Para funcionar, a empresa prestadora de serviços a terceiros deve cumprir os seguintes requisitos, como estabelecido no art. 4º-B: I – prova de inscrição no Cadastro Nacional de Pessoa Jurídica (CNPJ); II – registro na Junta Comercial; III – possuir capital social compatível com o número de empregados (até dez empregados: capital mínimo de dez mil reais; com mais de dez e até vinte empregados: capital mínimo de vinte e cinco mil reais; com mais de vinte e até cinquenta empregados: capital mínimo de quarenta e cinco mil reais; com mais de cinquenta e até cem empregados: capital mínimo de cem mil reais; e com mais de cem empregados: capital mínimo de duzentos e cinquenta mil reais).

A contratante é conceituada como a pessoa física ou jurídica que celebra contrato com empresa de prestação de serviços relacionados a quaisquer de suas atividades, inclusive sua atividade principal (art. 5º-A). A legislação proíbe à contratante a utilização dos trabalhadores em atividades diferentes daquelas que foram objeto do contrato com a empresa prestadora de serviços (§ 1º). E os serviços pactuados poderão ser realizados nas instalações físicas da empresa contratante ou em outro local, de comum acordo entre as partes (§ 2º).

[4.] A previsão de exclusão do vínculo de emprego decorre de uma presunção por parte do legislador e sua efetividade está condicionada ao cumprimento dos requisitos legais da terceirização, devendo o intérprete sempre se atentar ao princípio da primazia da realidade sobre a forma e ao disposto no art. 9º da CLT.

A contratante é responsável por garantir as condições de segurança, higiene e salubridade dos trabalhadores, caso o trabalho seja executado em suas dependências ou em local previamente convencionado em contrato (§ 3º). Além disso, ela poderá estender ao trabalhador da empresa de prestação de serviços igual atendimento médico, ambulatorial e de refeição destinado aos seus empregados, existente nas dependências da contratante, ou em local por ela designado (§ 4º).

A legislação (§ 5º) prevê também que a empresa contratante é subsidiariamente responsável pelas obrigações trabalhistas relativas ao período em que ocorrer a prestação de serviços, e o recolhimento das contribuições previdenciárias observará o disposto no art. 31 da Lei nº 8.212, de 24 de julho de 1991 (Lei Orgânica da Seguridade Social).

Quando e enquanto os serviços forem executados nas dependências da tomadora, os empregados da empresa prestadora de serviços têm asseguradas as mesmas condições pertinentes a: alimentação garantida aos empregados da contratante, quando oferecida em refeitórios; direito de utilizar os serviços de transporte; atendimento médico ou ambulatorial existente nas dependências da contratante ou em local por ela designado; treinamento adequado, fornecido pela contratada, quando a atividade o exigir; além das mesmas condições sanitárias, de medidas de proteção à saúde e de segurança no trabalho e de instalações adequadas à prestação do serviço (art. 4º-C, I e II).

O § 1º do art. 4º-C prevê que contratante e contratada *poderão* estipular, caso assim entendam, que os empregados da contratada farão jus a salário equivalente ao pago aos empregados da contratante, além de outros direitos não previstos nesse artigo. A previsão de uma faculdade quanto à isonomia salarial é de constitucionalidade bastante questionável, ante o disposto nos arts. 5º, *caput*, e 7º, XXX, da Constituição.

Tratando-se de contratos que impliquem mobilização de empregados da contratada em número igual ou superior a 20% dos empregados da contratante, esta poderá disponibilizar aos empregados da contratada os serviços de alimentação e atendimento ambulatorial em outros locais adequados e com o mesmo padrão de atendimento, com o objetivo de manter o pleno funcionamento dos serviços existentes (art. 4º-C, § 2º).

No que toca ao conteúdo, o contrato de prestação de serviços compreenderá a qualificação das partes, a especificação do serviço que será prestado, o prazo para sua realização, quando for o caso, e o valor (art. 5-B).

Não poderá constar como contratada a pessoa jurídica cujos titulares ou sócios tenham, nos 18 meses anteriores, prestado serviços à contratante na condição de empregado ou trabalhador sem vínculo empregatício, salvo se os referidos titulares ou sócios forem aposentados (art. 5º-C). Além disso, o empregado que venha a ser demitido não poderá prestar serviços para essa mesma empresa na condição de empregado de empresa prestadora de serviços antes de ultrapassado o prazo de 18 meses, a contar da demissão (art. 5º-D).

A legislação ainda prevê que o descumprimento às regras da Lei nº 6.019/1974 sujeita a empresa infratora ao pagamento de multa (art. 19-A), regidas, a fiscalização, a autuação e o processo de imposição de multas, pela CLT (parágrafo único).

A disciplina oriunda da Lei nº 6.019/1974 não é aplicável às empresas de vigilância e transporte de valores, cujas respectivas relações de trabalho permanecem reguladas por legislação especial e, subsidiariamente, pela CLT (art. 19-B).

E caso as partes assim acordem, os contratos em vigência poderão ser adequados aos termos da Lei nº 6.019/1974 (art. 19-C).

Em 21.9.2018, foi editado o Decreto nº 9.507/2018, sobre "a execução indireta, mediante contratação, de serviços da administração pública federal direta, autárquica e fundacional e das empresas públicas e das sociedades de economia mista controladas pela União" (art. 1º). Prevê-se, ainda, que os serviços que serão preferencialmente objeto de execução indireta mediante contratação constarão de ato do Ministro de Estado da Economia (art. 2º).

Cabe destacar, aqui, as vedações impostas pelo Poder Executivo. Em se tratando de Administração pública federal direta, autárquica e fundacional, não serão objeto de execução indireta os serviços

> que envolvam a tomada de decisão ou posicionamento institucional nas áreas de planejamento, coordenação, supervisão e controle; que sejam considerados estratégicos para o órgão ou a entidade, cuja terceirização possa colocar em risco o controle de processos e de conhecimentos e tecnologias; que estejam relacionados ao poder de polícia, de regulação, de outorga de serviços públicos e de aplicação de sanção; e que sejam inerentes às categorias funcionais abrangidas pelo plano de cargos do órgão ou da entidade, exceto disposição legal em contrário ou quando se tratar de cargo extinto, total ou parcialmente, no âmbito do quadro geral de pessoal (art. 3º do Decreto nº 9.507/2018).

Não obstante, os serviços auxiliares, instrumentais ou acessórios a esses mencionados poderão ser executados de forma indireta, proibida a transferência de responsabilidade para a realização de atos administrativos ou a tomada de decisão para o contratado (§ 1º).

Já nas empresas públicas e nas sociedades de economia mista controladas pela União, não poderão ser objeto de execução indireta os serviços que exijam a utilização, pela contratada, de profissionais com atribuições inerentes às dos cargos integrantes de seus Planos de Cargos e Salários, salvo se contrariar os **princípios administrativos da eficiência, da economicidade e da razoabilidade**, tais como na ocorrência de, ao menos, uma das seguintes hipóteses:

> caráter temporário do serviço; incremento temporário do volume de serviços; atualização de tecnologia ou especialização de serviço, quando for mais atual e segura, que reduzem o custo ou for menos prejudicial ao meio ambiente; ou impossibilidade de competir no mercado concorrencial em que se insere (art. 4º, I a IV).

As situações de serviço de caráter temporário e de incremento temporário do volume de serviços podem ser relativas às especificidades da localidade ou à necessidade de maior abrangência territorial (art. 4º, § 1º).[5]

Os empregados da contratada que possuam atribuições semelhantes ou não com as atribuições da contratante atuarão apenas no desenvolvimento dos serviços contratados (art. 4º, § 2º).

A proibição de execução indireta, contida no *caput* do art. 4º, não se aplica quando se cuidar de cargo extinto ou em processo de extinção (art. 4º, § 3º).

O conjunto de atividades passíveis de execução indireta, por meio de contratação de serviços, será estabelecido pelo

---

5. Pela atual previsão do Decreto nº 10.854/2021, no seu art. 43, parágrafo único, "não se considera demanda complementar de serviços as demandas:
I – contínuas ou permanentes; e
II – decorrentes da abertura de filiais".

Conselho de Administração ou órgão equivalente das empresas públicas e das sociedades de economia mista controladas pela União (art. 4°, § 4°).

O Decreto estabelece, ainda, vedações de caráter geral. Assim, os órgãos ou entidades, referidos no diploma, não podem contratar pessoa jurídica na qual haja administrador ou sócio com poder de direção que possuam relação de parentesco com detentor de cargo em comissão ou função de confiança que atue na área responsável pela demanda ou pela contratação, ou autoridade hierarquicamente superior no âmbito do órgão ou da entidade (art. 5°, I e II).

5

Salário e remuneração

5.1 Conceitos e distinções

No senso comum, é usual utilizarmos o termo *salário* para designar o *salário básico*, ou o *salário nominal*, ou o *vencimento básico*, ou outras rubricas equivalentes, de forma a diferenciá-las de gratificações ou comissões, por exemplo. Em termos jurídicos, porém, o conceito de *salário* abrange não apenas o que denominamos de *salário básico* ou *salário nominal*, mas todas as verbas pagas diretamente pelo empregador como contraprestação pelo trabalho realizado. Ou seja, gratificações e comissões também são *salário*. Como conceitua Maurício Godinho Delgado, o salário é "o conjunto de parcelas contraprestativas pagas pelo empregador ao empregado em função do contrato de trabalho" (2019, p. 841).

A legislação trabalhista estipula que integram o salário a importância fixa estipulada (isto é, a rubrica denominada, no senso comum, de *salário base* ou *salário nominal*), as gratificações legais e as comissões pagas pelo empregador (at. 457, § 1º, CLT).

Já o conceito de *remuneração* decorre da inclusão, no conjunto da contraprestação do trabalho, das gorjetas habitualmente recebidas pelo empregado e pagas por terceiros; ou seja, *remuneração* = salário + gorjetas (lembrando que no *salário* são computadas as gratificações legais e as comissões). Por isso a definição legal é a de que são compreendidas, na remuneração do empregado, para todos os efeitos legais, além do salário que é devido e pago pelo empregador, como contraprestação do trabalho, as gorjetas que vier a receber (art. 457, CLT).

A distinção entre os conceitos é importante, sobretudo para fins de reflexos do salário e da remuneração em outras parcelas laborais. As gorjetas, cobradas pelo empregador na nota de serviço ou espontaneamente oferecidas pelos clientes, compõem a remuneração do empregado, mas não servem de base de cálculo para aviso prévio, adicional noturno, horas extras e repouso semanal remunerado (Súmula nº 354, TST).

É considerada gorjeta não só a importância espontaneamente dada pelo cliente ao empregado, como também o valor cobrado pela empresa, como serviço ou adicional, a qualquer título, e cujo destino é a distribuição aos empregados (art. 457, § 3º, CLT).

5.2 Características do salário

O salário tem *natureza alimentar* e *indisponível*. Possui também *caráter "forfetário"*, porque encerra uma obrigação absoluta do empregador, independente do resultado financeiro do empreendimento. É *irredutível*, salvo disposição em convenção ou acordo coletivo (art. 7º, VI, Constituição).

O salário corresponde a uma parcela periódica (diz-se, então, de sua *periodicidade*), encerrando uma *obrigação de trato sucessivo* e seu pagamento, qualquer que seja a modalidade de trabalho, não pode ser estipulado por período superior a um mês, exceto quanto a comissões, percentagens e gratificações (art. 459, CLT). Se o pagamento do salário houver sido estipulado por mês, deverá ser efetuado, o mais tardar, até o quinto dia útil do mês subsequente ao vencido (§ 1º). Daí o entendimento da jurisprudência de que o pagamento dos salários até o quinto dia útil do mês subsequente ao vencido (isto é, ao mês trabalhado) não está sujeito à correção monetária. Contudo, se essa data limite for ultrapassada, incidirá o índice da correção monetária do mês subsequente ao da prestação dos serviços, a partir do dia 1º (Súmula nº 381, TST).

No que concerne ao pagamento de comissões e percentagens, é exigível tão somente após finalizada a transação a que se referem (art. 466, CLT). Cuidando-se de transação realizada mediante prestações sucessivas, o pagamento de percentagens e comissões é exigível proporcionalmente à liquidação de cada prestação (§ 1º). E o término do contrato de trabalho não prejudica o recebimento de percentagens e comissões (§ 2º).

5.3 Formas e modo de pagamento do salário

Regra geral, o pagamento do salário é feito em pecúnia, em espécie, na moeda corrente do país, sob pena de ser considerado não realizado (art. 463, CLT).

O salário deve ser pago contra recibo, assinado pelo empregado; sendo ele analfabeto, mediante sua impressão digital, ou, não sendo possível, a seu pedido, por outrem (art. 464, CLT). É obrigação do empregador manter os recibos, que são importantes, entre outros motivos, para eventual prova do valor do salário efetivamente pago. Tem força de recibo o comprovante de depósito em conta bancária, em nome do empregado, aberta para esse fim e com consentimento do trabalhador, em estabelecimento próximo ao local de trabalho (art. 464, parágrafo único, CLT).

O salário deve ser pago em dia útil e no local de trabalho, no horário de serviço ou imediatamente após seu encerramento, salvo quando realizado mediante depósito em conta bancária (art. 465, CLT).

5.4 Pagamento mediante utilidades

Apesar de não ser a regra, também é possível o adimplemento do salário mediante fornecimento de bens ou serviços, denominados *utilidades* ou *salário in natura*. São exemplos de utilidades: moradia, alimentação, transporte, vestuários, entre outros.

A legislação estipula que se compreende no salário, além do pagamento em dinheiro, para todos os fins legais, a alimentação, habitação, vestuário ou outras prestações *in natura* que a empresa, em razão do contrato ou do costume, fornecer habitualmente ao empregado. Entretanto, em caso algum será permitido o pagamento com bebidas alcoólicas ou drogas nocivas (art. 458, CLT). Sobre este último aspecto, aliás, entende-se que "o cigarro não se considera salário utilidade em face de sua nocividade à saúde" (Súmula nº 367, II, TST).[1]

Especificamente no caso da habitação e da alimentação, caso sejam fornecidas como salário utilidade, devem atender seus respectivos fins e não podem exceder, respectivamente, 25% e 20% do salário contratual (art. 458, § 3º, CLT). Em se tratando de habitação coletiva, o valor do salário utilidade será obtido mediante a divisão do justo valor da habitação pelo número de ocupantes, proibido o uso de uma mesma unidade residencial por mais de uma família (art. 458, § 4º, CLT).

---

[1] O art. 4º.1 da Convenção nº 95 da OIT, sobre proteção ao salário, em sua parte final, prevê que: "o pagamento do salário sob forma de bebidas alcoólicas ou de drogas nocivas não será admitido em caso algum".

Para que a utilidade tenha *natureza salarial*, são necessários dois requisitos. O primeiro deles é o fornecimento com habitualidade (diária, semanal, mensal ou até mesmo anual, por exemplo). A concessão eventual, esporádica, da utilidade afasta seu caráter salarial. O segundo requisito é o de que a utilidade tenha natureza de contraprestação, ou seja, que ela seja fornecida *pelo trabalho*, de modo a remunerar o empregado.

A distinção é importante sobretudo no caso de utilidades que são concedidas *para o trabalho*, isto é, com o intuito de viabilizar a própria execução dos serviços pelo empregado. Assim:

- utilidade fornecida *pelo trabalho*: natureza salarial;
- utilidade fornecida *para o trabalho*: natureza não salarial ou indenizatória.

É nessa linha a jurisprudência, quando afirma o entendimento de que "a habitação, a energia elétrica e veículo fornecidos pelo empregador ao empregado, **quando indispensáveis para a realização do trabalho**, não têm natureza salarial, ainda que, no caso de veículo, seja ele utilizado pelo empregado também em atividades particulares" (Súmula nº 367, I, TST).

O legislador estabelece, ainda, um conjunto de utilidades que não detêm natureza salarial – o objetivo é incentivar seu fornecimento pelo empregador –, como se extrai do § 2º do art. 458 da CLT:

– vestuários, equipamentos e outros acessórios fornecidos aos empregados e utilizados no local de trabalho, para a prestação do serviço;

– educação, em estabelecimento de ensino próprio ou de terceiros, compreendendo os valores relativos a matrícula, mensalidade, anuidade, livros e material didático;

– transporte destinado ao deslocamento para o trabalho e retorno, em percurso servido ou não por transporte público;

– assistência médica, hospitalar e odontológica, prestada diretamente ou mediante seguro-saúde;

– seguros de vida e de acidentes pessoais;

– previdência privada;

– o valor correspondente ao vale-cultura;

– o valor relativo à assistência prestada por serviço médico ou odontológico, próprio ou não, inclusive o reembolso de despesas com medicamentos, óculos, aparelhos ortopédicos, próteses, órteses, despesas médico-hospitalares e outras similares, mesmo quando concedido em diferentes modalidades de planos e coberturas.

5.4.1 Caso especial: alimentação

Como visto, o art. 458 da CLT prevê a alimentação como salário utilidade.

A jurisprudência firmou a tese de que o vale para refeição, fornecido em razão do contrato laboral, tem natureza salarial, integrando a remuneração para todos os efeitos legais (Súmula nº 241, TST). Porém, a ajuda alimentação prevista em norma coletiva em decorrência de realização de horas extras tem natureza indenizatória, não integrando o salário do bancário (Orientação Jurisprudencial nº 123, SBDI-1/TST).

A legislação trabalhista estipula que o auxílio-alimentação não detém natureza salarial, mas veda seu pagamento em dinheiro (art. 457, § 2º, CLT) – do que se infere que, se houver a entrega em espécie, terá natureza salarial.

A ajuda alimentação fornecida por empresa que participa do Programa de Alimentação ao Trabalhador (PAT), instituído pela Lei nº 6.321/1976, não tem caráter salarial e, portanto, não integra o salário para nenhum efeito legal (Orientação Jurisprudencial nº 133 da SBDI-1/TST).

É comum a previsão, em norma coletiva, de que a parcela de alimentação (auxílio-alimentação, ajuda alimentação, auxílio-refeição, cesta básica, *ticket* refeição etc.) detém natureza indenizatória. Tal estipulação é reputada válida. Não por acaso, a jurisprudência entende que, a teor do art. 7º, XXVI, da Constituição ("reconhecimento das convenções e acordos coletivos de trabalho"), se houver previsão, em cláusula de norma coletiva, de pagamento mensal de auxílio cesta-alimentação somente a empregados em atividade, conferindo-lhe caráter indenizatório, é indevida a extensão desse benefício aos aposentados e pensionistas (Orientação Jurisprudencial Transitória nº 61, SBDI-1/TST).

Entretanto, a estipulação, em norma coletiva, atribuindo natureza indenizatória ao "auxílio-alimentação" ou a posterior adesão do empregador ao Programa de Alimentação do Trabalhador (PAT) não modifica a natureza salarial da parcela, anteriormente instituída, para aqueles empregados que, com habitualidade, já percebiam o benefício, consoante as Súmulas nº 51, I, e nº 241 do TST (Orientação Jurisprudencial nº 413, SBDI-1/TST).

5.5 Outras parcelas de natureza salarial

Temos as seguintes:

- **Gratificações:** são verbas fornecidas pelo empregador ao empregado em decorrência de determinado evento ou circunstância particular considerada importante pelo empregador ou em razão de previsão legal. Pode objetivar remunerar, por exemplo, a maior fidúcia depositada em um trabalhador (como as gratificações de função), ou, ainda, pode ser fornecida em virtude de uma data especial ou época do ano, como o 13º salário, denominado legalmente de gratificação natalina. Paga de forma habitual, a gratificação integra o salário, refletindo em outras verbas.

- **Gratificação natalina:** trata-se de gratificação prevista em lei, usualmente denominada de "13º salário". É disciplinada pelas Leis nº 4.090/1962 e nº 4.749/1965.

A gratificação é paga em duas parcelas, sendo a primeira entre fevereiro e novembro de cada ano, no valor de metade do salário percebido pelo trabalhador no mês imediatamente anterior, e a segunda até o dia 20 de dezembro de cada ano, tendo em vista a remuneração de dezembro (art. 1º, § 1º, Lei nº 4.090/1962), havendo a compensação do montante pago por ocasião da primeira parcela (arts. 1º e 2º, Lei nº 4.749/1965).

A gratificação natalina é calculada sobre a *remuneração* do empregado (ou seja, as gorjetas são computadas).

A parcela é devida nas hipóteses de rescisão contratual anteriormente a dezembro, caso em que o empregado terá direito à verba de forma proporcional (1/12) aos meses trabalhados no ano,[2] exceto em caso de extinção do contrato por justa causa do empregado (art. 3º, Lei nº 4.090/1962). Se se cuidar de rescisão contratual por culpa recíproca, o 13º salário proporcional será devido pela metade (Súmula nº 14, TST).

Não há obrigatoriedade de pagar o adiantamento do 13º salário (isto é, a primeira parcela) no mesmo mês para todos os empregados (art. 2º, § 1º, Lei nº 4.749/1965). Além disso, "o adiantamento será pago ao ensejo das férias do empregado, sempre que este o requerer no mês de janeiro do correspondente ano" (art. 2º, § 2º, Lei nº 4.749/1965).

[2.] A proporção corresponderá a 1/12 avos da remuneração para cada mês de serviço no ano correspondente ou fração igual ou superior a 15 dias de trabalho.

- **Comissões**: são parcelas de natureza salarial pagas pelo empregador em função de determinada produção obtida pelo empregado. Podem ou não constituir a única forma de contraprestação do empregado (no primeiro caso, tem-se o chamado "comissionista puro", no segundo, o "comissionista misto"). A Constituição assegura, àqueles que percebem remuneração variável (incluindo os comissionistas, puros ou mistos), o recebimento do salário mínimo mensal (art. 7°, VII: "garantia de salário, nunca inferior ao mínimo, para os que percebem remuneração variável").

  Para fins de cálculo de férias, 13° salários e verbas rescisórias, o valor das comissões deve ser corrigido monetariamente para em seguida obter-se a média para efeito daquele cálculo (Orientação Jurisprudencial n° 181, SBDI-1/TST).

  O comissionista, ainda que pracista, tem direito à remuneração do repouso semanal e dos dias feriados (Súmula n° 27, TST).

  Em se tratando de *comissionista puro*, o empregado, sujeito a controle de horário, tem direito ao adicional de, no mínimo, 50% pelo trabalho em horas extras, calculado sobre o valor-hora das comissões recebidas no mês, considerando-se como divisor o número de horas efetivamente laboradas (Súmula n° 340/TST). Já o **comissionista misto**, isto é, que recebe remuneração mista (uma parte fixa e outra variável), tem direito a horas extras pelo trabalho em sobrejornada da seguinte forma: em relação à parte fixa, são devidas as horas simples acrescidas do adicional de horas extras; em relação à parte variável, é devido somente o adicional de horas extras, aplicando-se à hipótese o disposto na Súmula n° 340 do TST (Orientação Jurisprudencial n° 397, SBDI-1/TST).

- **Adicionais**: constituem parcelas de natureza salarial que o empregado tem direito em razão do trabalho prestado em condições consideradas mais gravosas ou danosas. Ao empregado que labora exposto a agentes *insalubres*, por exemplo, é devido o pagamento de um adicional em razão dessa condição. Os *adicionais* podem estar previstos em lei (como o adicional de horas extras) ou serem pactuados mediante negociação coletiva ou mesmo no contrato individual de trabalho (como o adicional por tempo de serviço). Têm por objetivo remunerar o empregado pela execução do serviço nessas condições, integrando o salário e repercutindo em outras verbas (como férias, 13° salário e FGTS). Entretanto, correspondem a *salário condição*, de maneira que, havendo modificação das condições de trabalho, é lícita sua supressão.

5.6 Parcelas sem natureza salarial

Há, ainda, outras verbas que, muito embora fornecidas pelo empregador, não detêm natureza salarial, pois, em regra, não implicam retribuição pelo serviço, mas objetivam ressarcir uma despesa efetuada pelo empregado no desempenho de suas atividades ou, ainda, viabilizar a própria execução do trabalho. Há também verbas que, a despeito de sua natureza retributiva, têm seu caráter salarial afastado por lei.

- **Diárias e ajudas de custo:** As *diárias* são valores disponibilizados pelo empregador destinados ao pagamento de despesas gerais realizadas em viagem pelo empregado. As *ajudas de custo*, por sua vez, fazem frente a despesas ocasionais e, em regra, específicas do empregado em razão do trabalho (com combustível, por exemplo).[3]

[3.] A Lei nº 13.467/2017 conferiu nova redação ao § 2º do art. 457 da CLT e afastou expressamente a integração ao salário da ajuda de custo e das diárias para viagem. Antes, o legislador adotava o critério de que as diárias e as ajudas de custo que excedessem a 50% do salário do empregado adquiriam caráter salarial, com todos os efeitos daí decorrentes. Entendia-se que, nesse caso, as parcelas objetivavam apenas

- **Abonos e prêmios**: os *abonos* constituem adiantamentos salariais realizados pelo empregador (sem dedução posterior, em regra). Os *prêmios* – também denominados *bônus* – são pagos em razão de determinado evento ou circunstância particular considerada importante pelo empregador e *pertinente à conduta do trabalhador ou do grupo de trabalhadores*. Em termos legais, são considerados prêmios as liberalidades concedidas pelo empregador em forma de bens, serviços ou valor em dinheiro a empregado ou a grupo de empregados, em razão de desempenho superior ao ordinariamente esperado no exercício de suas atividades (art. 457, § 4°, CLT). Embora prêmios e abonos tenham natureza de contraprestação, o legislador (Lei n° 13.467, TST) afastou seu caráter salarial (art. 457, § 2°, CLT).

  A jurisprudência do TST, mesmo antes da alteração legislativa, admitia a possibilidade de norma coletiva estipular abono com natureza indenizatória: "a decisão que estende aos inativos a concessão de abono de natureza jurídica indenizatória, previsto em norma coletiva apenas para os empregados em atividade, a ser pago de uma única vez, e confere natureza salarial à parcela, afronta o art. 7°, XXVI, da CF/1988" (Orientação Jurisprudencial n° 346, SBDI-1/TST).

- **Participação em lucros e resultados (PLR)**: trata-se de parcela paga em razão do bom resultado econômico do estabelecimento. Sua natureza salarial é expressamente afasta-

---

mascarar o verdadeiro salário pago. O § 2° do art. 457 da CLT dispunha que: "não se incluem nos salários as ajudas de custo, assim como as diárias para viagem que não excedam de 50% (cinquenta por cento) do salário percebido pelo empregado". E a Súmula n° 318 do TST indicava a forma de integração das diárias ao salário: "tratando-se de empregado mensalista, a integração das diárias no salário deve ser feita tomando-se por base o salário mensal por ele percebido e não o valor do dia de salário, somente sendo devida a referida integração quando o valor das diárias, no mês, for superior à metade do salário mensal". A integração estava relacionada à duração das viagens: "integram o salário, pelo seu valor total e para efeitos indenizatórios, as diárias de viagem que excedam a 50% (cinquenta por cento) do salário do empregado, enquanto perdurarem as viagens" (Súmula n° 101, TST).

da pela Constituição. O art. 7°, XI, da Constituição garante, como direito dos trabalhadores urbanos e rurais, "participação nos lucros, ou resultados, desvinculada da remuneração, e, excepcionalmente, participação na gestão da empresa, conforme definido em lei".

Consoante previsão legal, o recebimento da PLR depende de negociação por meio de comissão escolhida pelas partes, com representação sindical, ou de estipulação em norma coletiva (art. 2°, Lei n° 10.101/2000).

Em caso de rescisão contratual anterior à prevista para a distribuição da PLR, a parcela será devida, ainda que proporcionalmente aos meses trabalhados. Com efeito, contraria o princípio da isonomia instituir vantagem mediante acordo coletivo ou norma regulamentar que condiciona a percepção da parcela participação nos lucros e resultados ao fato de estar o contrato de trabalho em vigor na data prevista para a distribuição dos lucros. Assim, mesmo no caso de rescisão contratual antecipada, é devido o pagamento da parcela de forma proporcional aos meses trabalhados, pois o ex-empregado concorreu para os resultados positivos da empresa (Súmula n° 451, TST).

A lei veda o pagamento de participação em lucros e resultados em mais de duas vezes no mesmo ano civil e em periodicidade inferior a um trimestre civil (art. 3°, § 2°, Lei n° 10.101/2000). O pagamento em desrespeito à lei transforma a natureza da parcela, a qual passa a ser salarial.

- ■ *Stock options*: constituem opção de compra de ações, decorrente do art. 168, § 3°, da Lei n° 6.404/1976 ("o estatuto pode prever que a companhia, dentro do limite de capital autorizado, e de acordo com plano aprovado pela assembleia-geral, outorgue opção de compra de ações a seus administradores ou empregados, ou a pessoas naturais que prestem serviços à companhia ou a sociedade sob seu controle").

A sociedade institui a possibilidade de empregados adquirirem ações da companhia, comerciadas em bolsas de valores, geralmente em condições mais vantajosas. O trabalhador se torna proprietário dessas ações e pode, inclusive, vendê-las quando lhe parecer oportuno.

Há precedente do Tribunal Superior do Trabalho que afasta a natureza salarial das *stock options*, ao fundamento de que "são parcelas econômicas vinculadas ao risco empresarial e aos lucros e resultados do empreendimento. Nesta medida, melhor se enquadram na categoria não remuneratória da participação em lucros e resultados (art. 7º, XI, da CF) do que no conceito, ainda que amplo, de salário ou remuneração".[4]

- **Fundo de Garantia do Tempo de Serviço (FGTS):** o FGTS é composto de recolhimentos mensais, a cargo do empregador, realizados na conta vinculada do empregado, à base de 8% da remuneração do trabalhador (computadas, portanto, as gorjetas habituais, se houver).

Os montantes depositados na conta vinculada podem ser levantados quando do término do contrato de trabalho, com exceções (por exemplo, no caso de rescisão contratual por justa causa ou de pedido de demissão do empregado). Em se cuidando de dispensa sem justa causa, será devido um depósito complementar de 40% sobre os valores existentes na conta vinculada. Será estudado mais à frente.

5.7 Proteções salariais: equiparação salarial

Empregados que exercem a mesma função têm, em regra, direito ao percebimento do mesmo valor de salário. O ordenamento jurídico visa a assegurar a isonomia no tratamento

---

[4.] AIRR- 85740-33.2009.5.03.0023, Relator Ministro: Mauricio Godinho Delgado, Data de Julgamento: 15/12/2010, 6ª Turma, Data de Publicação: *DeJT* 04/02/2011.

dos trabalhadores pelos empregadores. A preocupação é impedir formas de discriminação em matéria de emprego e ocupação. Não por acaso, a Constituição de 1988, em seu art. 7º, XXX, XXXI e XXXII, estabelece três vedações importantes:

> – proibição de diferença de salários, de exercício de funções e de critério de admissão por motivo de sexo, idade, cor ou estado civil;
>
> – proibição de qualquer discriminação no tocante a salário e critérios de admissão do trabalhador portador de deficiência;
>
> – proibição de distinção entre trabalho manual, técnico e intelectual ou entre os profissionais respectivos.

Materializando o sentido do texto constitucional, a legislação estipula que, sendo **idêntica a função**, a todo **trabalho de igual valor**, prestado ao **mesmo empregador**, no **mesmo estabelecimento empresarial**,[5] equivalerá igual salário, sem distinção de sexo, etnia, nacionalidade ou idade (art. 461, CLT). E esclarece que trabalho de igual valor, para essa finalidade, será o que for feito com igual produtividade e com a mesma perfeição técnica, entre pessoas cuja diferença de tempo de serviço para o mesmo empregador não seja superior a quatro anos e a diferença de tempo na função não seja superior a dois anos (§ 1º).

Os requisitos previstos em lei são cumulativos. Faltando algum deles, ficará afastado o direito à equiparação salarial. E só estará caracterizado o trabalho de igual valor se estiverem pre-

---

[5.] A Lei nº 13.467/2017 alterou o critério anteriormente previsto, de "mesma localidade", ficando, então, prejudicado o entendimento da jurisprudencial segundo o qual "o conceito de 'mesma localidade' de que trata o art. 461 da CLT refere-se, em princípio, ao mesmo município, ou a municípios distintos que, comprovadamente, pertençam à mesma região metropolitana" (Súmula nº 6, X, TST).

sentes os dois elementos: diferença no emprego não superior a quatro anos e diferença na função não superior a dois anos.[6]

É importante ter em vista, ainda, que "a equiparação salarial só será possível caso o empregado e o paradigma exerçam a mesma função, desempenhando as mesmas tarefas, não importando se os cargos têm, ou não, a mesma denominação" (Súmula n° 6, III, TST).[7]

O direito à isonomia remuneratória fica afastado quando o empregador tiver pessoal organizado em quadro de carreira ou adotar, por meio de norma interna da empresa ou de negociação coletiva, plano de cargos e salários, dispensada qualquer forma de homologação ou registro em órgão público. Nessa hipótese, as promoções poderão ser feitas por merecimento e por antiguidade, ou por apenas um destes critérios, no interior de cada categoria profissional (art. 461, §§ 2° e 3°, CLT).[8]

As regras de equiparação salarial devem ser observadas por empresas públicas e sociedades de economia mista? A pergunta é importante diante da previsão constitucional de que

---

[6]. Aqui também houve alteração significativa pela Lei n° 13.467/2017, pois antes a configuração do trabalho de igual valor exigia tão somente que a diferença de tempo de serviço, na função, não fosse superior a dois anos. Com isso, também ficou prejudicado o entendimento de que "para efeito de equiparação de salários em caso de trabalho igual, conta-se o tempo de serviço na função e não no emprego" (Súmula n° 6, II, TST).

[7]. Paradigma é o empregado que serve de parâmetro para fins de afirmação do direito à equiparação salarial.

[8]. Trata-se de outro dispositivo modificado pela Lei n° 13.467/2017. Até então, prevalecia o entendimento de que, "para os fins previstos no § 2° do art. 461 da CLT, só é válido o quadro de pessoal organizado em carreira quando homologado pelo Ministério do Trabalho, excluindo-se, apenas, dessa exigência o quadro de carreira das entidades de direito público da administração direta, autárquica e fundacional aprovado por ato administrativo da autoridade competente" (Súmula n° 6, I, do TST). Além disso, a jurisprudência afirmava que, "não constitui óbice à equiparação salarial a existência de plano de cargos e salários que, referendado por norma coletiva, prevê critério de promoção apenas por merecimento ou antiguidade, não atendendo, portanto, o requisito de alternância dos critérios, previsto no art. 461, § 2°, da CLT" (Orientação Jurisprudencial n° 418, SBDI-1/TST).

é proibida a vinculação ou equiparação de quaisquer espécies remuneratórias para o efeito de remuneração de pessoal do serviço público (art. 37, XIII, da Constituição). Entretanto, segundo a jurisprudência, à sociedade de economia mista (bem como para a empresa pública) não é aplicável a vedação à equiparação prevista no art. 37, XIII, da CF/1988, pois, ao admitir empregados sob o regime da CLT, equipara-se a empregador privado, conforme disposto no art. 173, § 1°, II, da CF/1988 (Súmula n° 455, TST).

Entendimento diferente, contudo, se dá quanto à Administração Pública Direta, Autárquica e Fundacional, com relação à qual é aplicável o art. 37, XIII, da Constituição, independentemente de o servidor ter sido contratado pela CLT (Orientação Jurisprudencial n° 297, SBDI-1/TST).

5.8 Outras proteções legais ao salário

A legislação trabalhista contém uma série de dispositivos voltados à proteção do salário. A ideia é também a de garantir a disposição do salário por parte do empregado. O art. 7°, X, da Constituição prevê, como direito fundamental, "proteção do salário na forma da lei, constituindo crime sua retenção dolosa".

Além disso, é vedado ao empregador realizar qualquer desconto nos salários do empregado, salvo quando este resultar de adiantamentos, de dispositivos de lei ou de contrato coletivo (art. 462, CLT). Na hipótese de dano causado pelo empregado, o desconto será lícito, desde que esta possibilidade tenha sido ajustada ou na ocorrência de dolo do empregado (§ 1°). Caso a empresa mantenha armazém para venda de mercadorias aos empregados ou serviços estimados a lhes proporcionar prestações *in natura*, a ela é vedado exercer coação ou induzimento no sentido de que os empregados se utilizem do armazém ou dos serviços (§ 2°).

Sempre que não for possível o acesso dos empregados a armazéns ou serviços não mantidos pelo empregador, é lícito à autoridade competente determinar a adoção de medidas adequadas, objetivando a que as mercadorias sejam vendidas e os serviços prestados a preços razoáveis, sem intuito de lucro e sempre em benefício dos empregados (§ 3°).

É importante observar a vedação, às empresas, de limitar, por qualquer forma, a liberdade dos empregados de dispor do seu salário (§ 4°).

Havendo autorização prévia e por escrito do empregado, os descontos salariais efetuados pelo empregador para que o empregado seja integrado em planos de assistência odontológica, médico-hospitalar, de seguro, de previdência privada, ou de entidade cooperativa, cultural ou recreativo-associativa de seus trabalhadores, em seu benefício e de seus dependentes, não afrontam o disposto em lei, exceto se restar demonstrada a existência de coação ou de outro defeito que vicie o ato jurídico (Súmula n° 342, TST).

O crédito trabalhista, limitado a 150 salários mínimos por credor, e os decorrentes de acidentes laborais têm preferência em caso de falência do empregador (art. 83, I, Lei n° 11.101/2005). Além disso, os créditos trabalhistas de natureza estritamente salarial vencidos nos três meses anteriores à decretação da falência, observado o limite de cinco salários-mínimos por trabalhador, serão pagos tão logo haja disponibilidade em caixa (art. 151, Lei n° 11.101/2005).

Não há garantia legal de revisão periódica do salário, sendo o tema, em regra, objeto de negociação coletiva.

6

Término do contrato de trabalho

6.1 Tipologia

A doutrina aponta uma determinada nomenclatura para as modalidades de extinção do contrato de trabalho:

- **Resilição contratual**: refere-se às formas de extinção do contrato mediante exercício lícito e regular da vontade dos contratantes, incluindo o *pedido de demissão*, a *dispensa (ou despedida) sem justa causa* (ou *imotivada*, ou *desmotivada*) e o *distrato* (que, até a Lei nº 13.467/2017, não tinha previsão específica, acarretando os mesmos efeitos de uma dispensa sem justa causa; após a Lei nº 13.467/2017, tem-se a figura da *extinção por acordo* no art. 484-A da CLT).
- **Resolução contratual**: abrange as modalidades de ruptura contratual por falta cometida por alguma das partes contratantes, ou em razão do implemento de condição resolutiva. Estão incluídas nesse tipo a *dispensa por justa causa*, a *dispensa ou despedida indireta* e a *resolução contratual por culpa recíproca*.

- **Rescisão contratual:** é a extinção do pacto laboral em razão de nulidade do próprio contrato, como na hipótese da Súmula nº 363 do TST ("a contratação de servidor público, após a CF/1988, sem prévia aprovação em concurso público, encontra óbice no respectivo art. 37, II e § 2º, somente lhe conferindo direito ao pagamento da contraprestação pactuada, em relação ao número de horas trabalhadas, respeitado o valor da hora do salário mínimo, e dos valores referentes aos depósitos do FGTS"). Entretanto, no senso comum jurídico, adota-se a expressão *rescisão contratual* para se referir a todas as modalidades de ruptura contratual.
- **Modalidades inominadas:** figuras não classificáveis nas anteriores, como, por exemplo, extinção da empresa ou do estabelecimento por força maior (art. 502, CLT), falecimento do empregador pessoa física (art. 485, CLT), falência (art. 449, § 2º, CLT) etc.

Vamos, então, analisar as características de cada uma das hipóteses legais de cessação do contrato de trabalho.[1]

6.2 Rescisão contratual, sem justa causa, por iniciativa do empregador

A modalidade mais comum de extinção do contrato de trabalho é a dispensa ou despedida sem justa causa. A Constituição garante, a trabalhadores urbanos e rurais, relação de emprego protegida em face de despedida arbitrária ou sem justa causa, na forma de lei complementar, que deverá prever indenização compensatória, dentre outros direitos (art. 7º, I).

A lei complementar prevista no texto constitucional nunca foi editada. Enquanto isso, prevalece o disposto no Ato

---

[1]. Seguindo a prática habitualmente aceita, utilizaremos, a partir daqui, a nomenclatura *rescisão contratual*.

das Disposições Constitucionais Transitórias (ADCT), que estipula a proibição da dispensa arbitrária ou sem justa causa do: (i) empregado eleito para cargo de direção de comissões internas de prevenção de acidentes (CIPA), desde o registro de sua candidatura até um ano após o final de seu mandato, e (ii) da empregada gestante, desde a confirmação da gravidez até cinco meses após o parto (art. 10, II, *a* e *b*, ADCT).[2]

Em 1992, por meio do Decreto-legislativo nº 68, o Congresso Nacional aprovou a Convenção nº 158 da OIT, que trata do término da relação de emprego por iniciativa do empregador. O Poder Executivo, então, ratificou a Convenção nº 158 da OIT, promulgando-a pelo Decreto nº 1.855, de 10/04/1996.[3]

O governo, contudo, denunciou a Convenção nº 158 em 20/12/1996, tornando pública a denúncia por meio do Decreto nº 2.100. Pende, porém, no Supremo Tribunal Federal a Ação Direta de Inconstitucionalidade nº 1.625, diante do Decreto nº 2.100/1996, que denunciou a convenção.

A despeito dessa controvérsia e ainda que não tenha sido editada a lei complementar referida no art. 7º, I, da Constituição, não se admite, como válida, a dispensa que se mostre arbitrária, *mesmo que formalmente sem justa causa*. É o

---

2. O art. 10 do ADCT estipula, ainda, que a garantia do art. 7º, I, da Constituição, enquanto não for editada a lei complementar ali mencionada, fica limitada ao aumento, para quatro vezes, da porcentagem (10%) prevista no art. 6º, *caput* e § 1º, da Lei nº 5.107, de 13 de setembro de 1966. Essa é a antiga lei do FGTS, substituída, atualmente, pela Lei nº 8.036/1990, que já estabelece que, em caso de despedida sem justa causa, pelo empregador, esse arcará com o depósito de importância equivalente a 40% do montante de todos os depósitos realizados na conta vinculada durante a vigência do contrato de trabalho, com atualização monetária e juros (art. 18, § 1º, Lei nº 8.036/1990). Trata-se, então, da conhecida *multa (em verdade, indenização) de 40% do FGTS*.

3. Ao contrário do que usualmente se fala, a Convenção nº 158 da OIT não assegura estabilidade no emprego nem impede a rescisão contratual pelo empregador, mas tão somente estabelece garantias para o caso de dispensas de iniciativa desse último – com a finalidade de evitar arbitrariedades.

caso de uma dispensa motivada pelo exercício regular de um direito, como a greve ou o ajuizamento de ação, como indica a jurisprudência do Tribunal Superior do Trabalho: "esta Corte Superior já concluiu que a dispensa do empregado em retaliação ao exercício regular de um direito, seja ele de greve, de manifestação, de acesso ao judiciário ou quaisquer outros, constitui abuso do direito potestativo de dispensa injustificada do trabalhador. Recurso de revista de que não se conhece".[4]

Embora seja comum se afirmar que o empregador teria um *direito potestativo* de rescindir unilateralmente o contrato de trabalho, essa faculdade não pode ser exercida de forma arbitrária ou absoluta, na medida em que é indispensável o respeito aos direitos fundamentais do trabalhador (como a liberdade de pensamento, a liberdade religiosa, a intimidade, o direito de ação, o direito de greve, entre outros).

A dispensa ou despedida sem justa causa é a mais onerosa ao empregador, pois há maior quantidade de verbas trabalhistas devidas – que serão vistas à frente.

Pelo *princípio da continuidade*, havendo, em juízo, controvérsia sobre a modalidade de extinção contratual, é ônus do empregador demonstrar o término do contrato de trabalho pela modalidade menos onerosa, sob pena de se presumir a rescisão pela forma mais onerosa, qual seja, a dispensa sem justa causa.

6.3 Possibilidade de dispensa imotivada de empregado público

Há discussão importante sobre a possibilidade de dispensa imotivada de empregado de empresa pública ou socie-

---

[4] RR - 9500-31.2013.5.17.0004, Relator Ministro: Guilherme Augusto Caputo Bastos, Data de Julgamento: 23/08/2017, 5ª Turma, Data de Publicação: *DeJT* 25/08/2017.

dade de economia mista, na medida em que sua admissão deve ser feita por concurso público (art. 37, II, Constituição). A controvérsia diz respeito à necessidade ou não de motivação como condição de validade do ato de despedida.[5]

O TST firmou o entendimento de que a despedida de empregados de empresa pública e de sociedade de economia mista, ainda que contratados por concurso público, não depende de ato motivado para sua validade (OJ n° 247, I, SBDI-1/TST). Excepciona-se, contudo, o empregado da Empresa Brasileira de Correios e Telégrafos (ECT). Nesse caso, a validade do ato de despedida está condicionada à motivação, por gozar a ECT do mesmo tratamento destinado à Fazenda Pública em relação à imunidade tributária e à execução por precatório, além das prerrogativas de foro, prazos e custas processuais (OJ n° 247, II, SBDI-1/TST).

No mesmo sentido, o STF fixou a seguinte tese com repercussão geral: "a Empresa Brasileira de Correios e Telégrafos – ECT tem o dever jurídico de motivar, em ato formal, a demissão de seus empregados".[6] O STF ainda discute, com repercussão geral, para os demais casos, a possibilidade de se exigir ato motivado para a dispensa de empregado público.[7]

---

[5] A exigência de motivação não significa a necessidade de caracterização de justa causa. Pode-se compreender isso a partir da previsão do 165 da CLT, relativamente aos representantes dos empregados na Comissão Interna de Prevenção de Acidentes (CIPA). A legislação veda, para esses empregados, que sejam despedidos de modo arbitrário, definindo como tal a despedida que não seja fundada em motivo disciplinar, técnico, econômico ou financeiro. Havendo algum desses motivos, a despedida poderá ser realizada, *motivadamente*, ainda que, em termos de verbas rescisórias, sejam produzidos os mesmos efeitos de uma dispensa sem justa causa. O essencial é que, nesse caso, a motivação é condição de validade do ato de despedida.

[6] RE 589998, Rel. Min. Roberto Barroso, acórdão no *DJe* de 25/12/2018.

[7] Até o fechamento desta edição, ainda se encontrava pendente de definição o Tema n° 1022 (RE/STF): "dispensa imotivada de empregado de empresa pública e de sociedade de economia mista admitido por concurso público – RE 688267", de relatoria do Ministro Alexandre de Moraes.

6.4 Rescisão contratual por justa causa

É a prática, por um dos contratantes, de ato doloso ou culposo grave (*isto é, falta grave*), que, como motivo determinante, pode ensejar a resolução do contrato de trabalho.

É importante observar que a falta do contratante (empregado ou empregador) deve decorrer de um ato praticado no cumprimento de obrigações contratuais, gerando prejuízo ao ambiente laboral. Isso porque, sobretudo na perspectiva do empregador, seu poder disciplinar não alcança condutas e espaços pessoais, familiares, sociais, políticos etc. do trabalhador.

A legislação brasileira não estipula um procedimento a ser observado pelo empregador para fins de apuração de faltas praticadas pelo empregado. Não obstante, será nula a punição se não precedida de inquérito ou sindicância internos a que se *obrigou a empresa por norma regulamentar* (Súmula nº 77, TST).

A configuração da justa causa para a rescisão contratual depende de alguns requisitos. Vamos analisá-los, primeiramente para os casos de *rescisão contratual por justa causa cometida pelo empregado – ou dispensa por justa causa*. Cumpre lembrar que é indispensável que a autoria da conduta, dolosa, ou, pelo menos, culposa possa ser atribuída ao empregado.

Os requisitos são os seguintes:

- **Taxatividade (ou tipicidade):** ainda que não estipule um procedimento a ser observado para a rescisão contratual por justa causa (seja do empregado, seja do empregador), o ordenamento jurídico prevê um sistema taxativo de faltas graves que podem levar à rescisão contratual por justa causa (isto é, a justa causa só se caracteriza nas estritas hipóteses previstas em lei). As figuras legais de *justa causa* estão previstas, no que diz respeito à CLT, nos arts. 158, parágrafo único, 240, parágrafo único, 482 e 483 (esse quanto ao empregador).

- **Gravidade:** o ato cometido deve traduzir-se em obstáculo (intransponível) à continuidade da relação jurídica, elidindo a confiança entre as partes. Está relacionada à própria adequação entre a falta e a punição (proporcionalidade). A gravidade deve ser observada subjetivamente (considerando-se o histórico funcional) e objetivamente (a natureza da falta ou conduta). Há um desdobramento desse requisito que também deve ser observado: o princípio do *non bis in idem*, uma vez que o empregado não pode ser punido mais de uma vez pela mesma falta.

- **Nexo de causalidade entre a infração e a penalidade:** diz respeito ao nexo causal, isto é, à relação de causalidade entre a conduta faltosa (a falta grave) e a extinção do contrato de trabalho. O empregador não pode se valer de uma falta recém-cometida para punir outra anteriormente praticada. Além disso, o ato faltoso deve ser o motivo determinante para a extinção do contrato.

- **Atualidade (ou imediaticidade):** é necessário que a aplicação da penalidade ocorra tão logo o empregador tome ciência da prática irregular, sob o risco de caracterizar-se o perdão tácito, que, por sua vez, tem o condão de afastar a caracterização da justa causa. O prazo (que não é legalmente fixado, mas analisado no caso concreto) é contado a partir do momento em que o empregador toma ciência do ato faltoso.

Vale notar que, faltando algum dos requisitos acima (*tipicidade, gravidade, nexo de causalidade ou atualidade*) ou configurado o *bis in idem* ou o *perdão tácito*, fica afastada a justa causa.

Por sua importância, vamos analisar as *hipóteses* de falta grave do empregado previstas no art. 482 da CLT:

- **Ato de improbidade:** conceito amplo, envolve a desonestidade em todas as suas manifestações, traduzindo a obtenção dolosa de uma vantagem (não necessariamente financeira) pelo empregado, em detrimento do patrimônio do empregador ou de terceiros.
- **Incontinência de conduta ou mau procedimento:** conduta intolerável socialmente ou caracterizada pela carência de pudor, como a prática, em serviço, de gestos e atos obscenos (ex.: assédio sexual cometido pelo empregado em serviço, contra outro empregado, cliente ou o próprio empregador). Já o mau procedimento é bastante amplo (inclui regras de bom viver, respeito, compostura quanto a terceiros; pode alcançar, em tese, o assédio moral praticado pelo empregado – assediador).
- **Negociação habitual por conta própria ou alheia sem permissão do empregador, e quando constituir ato de concorrência à empresa para a qual trabalha o empregado, ou for prejudicial ao serviço:** para a configuração desse ilícito contratual, é necessária a existência de prejuízo ou a diminuição do lucro da empregadora, não sendo suficiente a concorrência pura e simples.
- **Condenação criminal do empregado, passada em julgado, caso não tenha havido suspensão da execução da pena:** há a impossibilidade de continuação do contrato de trabalho. Não está caracterizada quando não houver privação da liberdade (e o crime não foi praticado em detrimento do empregador). Em caso de prisão provisória, tem-se a suspensão do contrato (art. 472, CLT).
- **Desídia no desempenho das respectivas funções:** é o descuido, o desinteresse, a má vontade ou a falta de zelo. Pode ser aferida mediante ato único ou continuado (ex.: faltas repetidas e injustificadas).

- **Embriaguez habitual ou em serviço:** não só pelo álcool, mas qualquer entorpecente. É necessário que seja voluntária. Tratando-se de alcoolismo, não há justa causa, mas, diante do quadro patológico do empregado, há suspensão do contrato de trabalho (de forma semelhante ocorre em caso de vício em drogas).
- **Violação de segredo de empresa:** infringência ao dever de fidelidade (ex.: *software*, divulgação de patentes de invenção). Não inclui hipóteses de divulgação de atos ilícitos praticados pelo empregador.
- **Ato de indisciplina ou de insubordinação:** violação ao dever de obediência. A indisciplina corresponde à desobediência às normas de caráter geral, já a insubordinação, a uma ordem específica. Em todo o caso, é necessário que a ordem seja lícita.
- **Abandono de emprego:** são necessários dois elementos: (i) subjetivo, isto é, a intenção de abandonar o emprego; e (ii) objetivo, qual seja, a ausência injustificada ou prolongada por mais de 30 dias (ex. 472, § 1°, CLT).
- **Ato lesivo da honra ou da boa fama praticado no serviço contra qualquer pessoa, ou ofensas físicas, nas mesmas condições, salvo em caso de legítima defesa, própria ou de outrem:** para essa hipótese, o elemento doloso é fundamental.
- **Ato lesivo da honra ou da boa fama ou ofensas físicas praticadas contra o empregador e superiores hierárquicos, salvo em caso de legítima defesa, própria ou de outrem:** a hipótese também pode ser configurada quando a ofensa se dirigir contra cônjuge do empregador.
- **Prática constante de jogos de azar:** necessário o intuito de lucro, com incidência negativamente na vida funcional do empregado. Há controvérsia se estão ou não excluídos os jogos tolerados socialmente. É importante, de toda forma,

que gere prejuízo ao contrato de trabalho ou ao ambiente laboral – o que pode ocorrer ainda que sejam jogos lícitos.

- **Perda da habilitação ou dos requisitos estabelecidos em lei para o exercício da profissão, em decorrência de conduta dolosa do empregado**: é o caso do motorista, por exemplo, ou mesmo de um advogado.

- **Prática, comprovada em inquérito administrativo, de atos atentatórios à segurança nacional**: previsão incompatível com a Constituição de 1988, na medida em que o processo deve ser conduzido pela autoridade competente (art. 5º, LIII), que não é administrativa, além da necessidade de observância do devido processo legal (art. 5º, LIV) e do recurso ao Poder Judiciário (art. 5º, XXXV).

É chegado o momento de examinar a caracterização da justa causa cometida pelo empregador. Essa modalidade de extinção contratual é tecnicamente denominada de *rescisão indireta do contrato de trabalho*.

Aqui também é necessário que a autoria da conduta possa ser atribuída ao empregador, de forma dolosa ou, no mínimo, culposa, *mas deve ser levado em conta que o empregador assume os riscos da atividade econômica* (por isso, o inadimplemento das obrigações contratuais, por exemplo, ainda que fundada em problemas financeiros da empresa, pode ensejar a justa causa cometida pelo empregador).

No que diz respeito aos *requisitos* para a configuração da *rescisão indireta do contrato de trabalho*, são exigidos a *tipicidade* da falta (isto é, a previsão legal), a *gravidade* (adequação e proporcionalidade entre a falta e a rescisão) e o *nexo causal entre a infração e a extinção contratual*.

O requisito da *atualidade* (e seu correlato: a ausência de perdão tácito) é atenuado quanto à reação do empregado. Isso ocorre por, pelo menos, três motivos: o empregado não exercer poder disciplinar perante o empregador; o estado de subordinação decorrente do contrato de trabalho; e a necessidade de preservação do contrato de trabalho. Assim, eventual demora do empregado em exigir (regra geral, em juízo) a rescisão indireta do contrato de trabalho não é suficiente *per se* para afastar a configuração da falta grave do empregador.

Vamos analisar, então, as hipóteses de falta grave cometidas pelo empregador, previstas no art. 483 da CLT:

- **Exigência de serviços superiores às forças do empregado, defesos por lei, contrários aos bons costumes ou alheios ao contrato**: seria o caso, por exemplo, do empregador que exige serviços que demandam a utilização de força muscular pelo empregado superior aos limites legais, sem a utilização de aparelhos mecânicos.
- **Rigor excessivo do superior hierárquico no trato com o empregado**: exige uma rigidez incomensurável, capaz de ferir a própria dignidade do empregado (por exemplo, proibição de usar o banheiro).
- **Correr perigo manifesto de mal considerável**: violação do empregador do dever de zelar pela saúde e pela integridade física dos empregados (exemplo, exigir operação de máquina sem o devido equipamento de proteção). Trata-se do perigo iminente, que não abrange aqueles pertinentes à profissão ou serviço para o qual foi o empregado contratado.
- **Não cumprimento pelo empregador das obrigações do contrato**: abrange o descumprimento de normas legais, contratuais, empresariais, convencionais e de acordos coletivos de trabalho ou de sentenças normativas (ex.: o não recolhimento do FGTS).
- **Praticar o empregador ou seus prepostos, contra o empregado ou pessoas de sua família, ato lesivo da honra e boa fama**:

vale para assédio sexual ou moral, que também pode caracterizar ofensa às obrigações do contrato, particularmente ao dever do empregador de manter um ambiente de trabalho hígido e sadio.

- **O empregador ou seus prepostos ofenderem-no fisicamente, salvo em caso de legítima defesa, própria ou de outrem:** também aqui o elemento doloso é relevante.

- **O empregador reduzir o seu trabalho, sendo este por peça ou tarefa, de forma a afetar sensivelmente a importância dos salários:** como a remuneração é fundamental para a sobrevivência de quem vive do trabalho, a atitude patronal é vista como excessiva, e não mero exercício do poder potestativo.

Importante!

Nas hipóteses de não cumprimento, pelo empregador, das obrigações do contrato, ou de o empregador reduzir o seu trabalho, sendo este por peça ou tarefa, de forma a afetar sensivelmente a importância dos salários, o empregado poderá pleitear a rescisão de seu contrato de trabalho e o pagamento das respectivas indenizações, permanecendo ou não no serviço até final decisão do processo (art. 483, § 3°, CLT).

6.5 Rescisão contratual a pedido do empregado (ou pedido de demissão)

Hipótese em que a iniciativa do término do contrato parte do empregado, embora não motivado por conduta irregular do empregador. Terá repercussões importantes nas verbas rescisórias devidas.

6.6 Rescisão contratual por culpa recíproca

É a justa causa praticada por ambas as partes, ou seja, há falta grave tanto de empregado quanto de empregador.

6.7 Rescisão de contrato por prazo determinado

É necessário fazer uma distinção, a depender da forma de encerramento do contrato. Isso porque pode haver a extinção normal do contrato por prazo determinado, isto é, o término no prazo estipulado originariamente pelos contratantes, ou sua extinção antecipada, seja de iniciativa do empregador, seja de iniciativa do empregado. A principal diferença diz respeito às verbas rescisórias devidas em cada um desses casos.

Sem prejuízo de outras parcelas rescisórias, a rescisão antecipada do contrato por prazo determinado, **por iniciativa do empregador**, sem justa causa, dá ao empregado o direito de perceber, a título de indenização, e pela metade, a remuneração que seria devida até o termo do contrato (art. 479, CLT e Súmula nº 125, TST – ainda que o empregado seja optante do FGTS). Se o empregado receber salário variável, o cálculo dessa parte será realizado de acordo com o previsto para o cálculo da indenização referente à rescisão dos contratos por prazo indeterminado (art. 479, parágrafo único, CLT).

Já a rescisão antecipada do contrato por prazo determinado, **por iniciativa do empregado**, sem justa causa, confere ao empregador o direito a ser indenizado pelos prejuízos sofridos, limitada, a indenização, à metade da remuneração que seria devida até o término do contrato (art. 480, CLT).

Vale observar que, aos contratos por prazo determinado, que contiverem *cláusula assecuratória do direito recíproco de rescisão antecipada*, aplicam-se, caso seja exercido esse direito por qualquer um dos contratantes, os princípios que regem a rescisão dos contratos por prazo indeterminado (art. 481, CLT). Nessa hipótese será cabível, inclusive, aviso prévio (Súmula nº 163, TST), mas não serão devidas as indenizações previstas nos arts. 479 e 481 da CLT.

6.8 Rescisão contratual por comum acordo

Figura instituída pela Lei nº 13.467/2017, que inseriu o art. 484-A na CLT. Trata-se do ajuste, entre empregado e empregador, voltado a, de comum acordo, extinguir o contrato de trabalho.

6.9 Outras questões

- **Morte do empregado**: acarreta a extinção automática da relação de emprego.
- **Morte do empregador pessoa física ou empresário individual**: havendo a manutenção da empresa, pode o empregado optar pela extinção da relação de emprego (art. 483, § 2º, CLT). Não havendo a possibilidade de manutenção do vínculo (isto é, no caso de cessação total da atividade empresarial), essa modalidade de extinção do contrato, decorrente do falecimento do empregador pessoa física ou empresário individual, se equipara, quanto aos seus efeitos jurídicos, à dispensa sem justa causa (art. 485 da CLT).
- **Aposentadoria espontânea**: não é causa *per se* de extinção do contrato de trabalho.

O Supremo Tribunal Federal decidiu que o § 2º do art. 453 da CLT ("o ato de concessão de benefício de aposentadoria a empregado que não tiver completado 35 (trinta e cinco) anos de serviço, se homem, ou trinta, se mulher, importa em extinção do vínculo empregatício") institui modalidade de dispensa arbitrária ou sem justa causa e sem indenização, em contraste com o art. 7º, I, da Constituição (ADIn 1.721-3).

Por conseguinte, quando o empregado se aposenta voluntariamente junto ao INSS e prossegue trabalhando, não há término do contrato de trabalho. Assim, consoante a jurisprudência do Tribunal Superior do Trabalho, à época de sua dispensa imotivada, "o empregado tem direito à multa de 40% do FGTS sobre a totalidade dos depósitos efetuados no curso do pacto laboral (OJ n° 361, SBDI-1/TST), ou seja, a multa de 40% incide sobre os depósitos realizados antes e depois da aposentadoria espontânea".

■ **Encerramento das atividades da empresa por força maior**: é legalmente considerado força maior todo acontecimento inevitável, em relação à vontade do empregador, e para a realização do qual este não concorreu, direta ou indiretamente (art. 501, CLT), ficando excluída em caso de imprevidência do empregador (§ 1°). Para sua caracterização, o motivo de força maior deve afetar ou ser suscetível de afetar substancialmente a situação econômica e financeira da empresa (§ 2°). É importante lembrar, porém, que o empregador assume os riscos da atividade econômica (art. 2°, CLT), de modo que, por exemplo, uma crise financeira no mercado não equivale a força maior.

No que toca a seus efeitos jurídicos, o encerramento das atividades da empresa por força maior acarreta as mesmas consequências de uma dispensa sem justa causa, à exceção da indenização do FGTS, que é reduzida de 40% para 20% (art. 18, § 2°, da Lei n° 8.036/1990), para contratos por prazo indeterminado;[8] e, tratando-se de contrato por prazo determinado, há a redução da indenização devida (art. 479, CLT) à metade (art. 502, III, CLT).

---

8. Vale observar que o art. 502 da CLT, em seus incisos I e II, refere-se a *indenizações* pertinentes ao sistema de estabilidade decenal, que não foi recepcionado pela Constituição de 1988. A indenização mencionada no dispositivo não se confunde com as verbas rescisórias, como aviso prévio, férias + 1/3 e 13° salário. Ressalva-se tão somente a indenização do FGTS, diante da expressão previsão na Lei n° 8.036/1990.

6.10 Verbas rescisórias

Para iniciar o exame das verbas rescisórias devidas em cada uma das modalidades de rescisão contratual vistas acima, é necessário conhecer as particularidades de algumas parcelas, a começar pelo *aviso prévio*.

6.10.1 Aviso prévio

Trata-se da "comunicação que uma parte faz à outra, avisando-lhe que pretende proceder à dissolução do contrato de trabalho por prazo indeterminado" (BARROS, 2008, p. 946). É direito assegurado constitucionalmente (art. 7º, XXI).

Como o nome indica, o aviso prévio é uma comunicação da intenção de extinguir o contrato de trabalho celebrado por tempo indeterminado. Daí o art. 487 da CLT dispor que "não havendo prazo estipulado, a parte que, sem justo motivo, quiser rescindir o contrato deverá avisar a outra da sua resolução".

Sua finalidade é permitir que as partes se preparem para a dissolução contratual, não sendo pegas de surpresa por uma extinção abrupta do pacto. Por seu objetivo, o aviso prévio, em regra, não é devido nos contratos por prazo determinado. Além disso, sua concessão acarreta a presunção relativa de que o contratante que recebeu o aviso não praticou justa causa para a extinção do contrato.

6.10.1.1 *Cabimento*

Como regra, o aviso prévio é cabível nas rescisões, por iniciativa de qualquer das partes, dos **contratos de trabalho por prazo indeterminado**.

Em caso de **cessação das atividades da empresa** (ex.: falência ou fechamento), a jurisprudência tem o entendimento de que "a cessação da atividade da empresa, com o pagamento da indenização, simples ou em dobro, não exclui, por si só, o direito do empregado ao aviso prévio" (Súmula n° 44, TST).

É devido o aviso prévio na cessação das atividades da empresa **por força maior** (ex.: terremoto, inundação, incêndio), como indicado acima.

O aviso prévio será devido também na **despedida (ou rescisão) indireta** (art. 487, § 4°, CLT).

Em caso de **culpa recíproca**, será devido pela metade (Súmula n° 14 do TST: "reconhecida a culpa recíproca na rescisão do contrato de trabalho (art. 484 da CLT), o empregado tem direito a 50% (cinquenta por cento) do valor do aviso prévio, do décimo terceiro salário e das férias proporcionais").

No **contrato por prazo determinado**, o aviso prévio não será devido, desde que a rescisão contratual ocorra na data estipulada pelas partes. Entretanto, se as partes firmarem a *cláusula assecuratória de direito recíproco de rescisão antecipada*, serão aplicáveis as mesmas regras atinentes às rescisões contratuais dos contratos por prazo indeterminado, inclusive o aviso prévio (art. 481, CLT). Por isso a jurisprudência (Súmula n° 163, TST) já firmou o entendimento de que é cabível aviso prévio nas rescisões antecipadas dos contratos de experiência (modalidade de contrato por prazo determinado).

Vale observar, ainda, que é inválida a concessão do aviso prévio no curso de garantia de emprego, diante da incompatibilidade dos dois institutos (Súmula n° 348, TST).

6.10.1.2 Irrenunciabilidade por parte do empregado

O direito ao aviso prévio é irrenunciável por parte do empregado. Assim, o pedido de dispensa de seu cumprimento não exime o empregador de pagar o respectivo valor, exceto na hipótese de comprovação de haver o empregado obtido novo emprego (Súmula n° 276, TST).

6.10.1.3 Duração

A Constituição garante o direito a aviso prévio proporcional ao tempo de serviço, sendo no mínimo de 30 dias, na forma da lei (art. 7°, XXI). Em razão da previsão constitucional, *não foi recepcionado* o prazo mínimo de oito dias de aviso prévio, para os contratos em que o pagamento tenha sido ajustado por semana ou tempo inferior, como previsto no art. 487, I, da CLT (ou seja, também para esses contratos, o prazo mínimo do aviso prévio será de 30 dias).

A proporcionalidade do aviso prévio ao tempo de serviço é definida da seguinte forma: "aos empregados que contem até um ano de serviço na mesma empresa, o aviso prévio será concedido na proporção de 30 dias; serão acrescidos 3 dias por ano de serviço prestado na mesma empresa, até o máximo de 60 dias, de modo a perfazer o total de até 90 dias" (art. 1°, Lei n° 12.506/2011).

Por conseguinte, o empregado que tenha 11 meses de tempo de serviço na empresa, terá direito a aviso prévio de 30 dias; já o empregado que tenha 1 ano e 1 dia de tempo serviço na empresa, terá direito a aviso prévio de 33 dias; o empregado que tenha 2 anos e 1 dia de tempo de serviço na empresa, terá direito a aviso prévio de 36 dias; e assim sucessivamente.

A proporcionalidade do aviso prévio deve ser observada apenas na rescisão contratual de iniciativa do empregador, mas não em caso de rescisão de iniciativa do empregado (como o pedido de demissão), em que o aviso será de apenas 30 dias, independentemente do tempo de serviço.

O direito ao aviso prévio proporcional ao tempo de serviço é assegurado apenas nas rescisões contratuais ocorridas a partir da publicação da Lei nº 12.506, em 13 de outubro de 2011 (Súmula nº 441, TST).

6.10.1.4 Contagem do prazo

É aplicável a regra prevista no *caput* do art. 132 do Código Civil à contagem do prazo do aviso prévio, ou seja, exclui-se o dia do começo e inclui-se o do vencimento (Súmula nº 380, TST).

6.10.1.5 Redução da jornada

Durante o prazo do aviso prévio, caso a rescisão tenha sido promovida pelo empregador, o horário normal de trabalho do empregado será reduzido de duas horas diárias, sem prejuízo do salário integral (art. 488, CLT). Porém, o empregado tem a faculdade de trabalhar sem a redução das duas horas acima, hipótese em que poderá deixar de comparecer ao serviço, também sem prejuízo do salário integral, por sete dias corridos (parágrafo único).

Para o **trabalhador rural**, é devida, nas mesmas condições, a redução do trabalho em um dia por semana, sem prejuízo do salário integral (art. 15, Lei nº 5.889/1973).

A falta de redução da jornada de trabalho torna nulo o aviso prévio concedido pelo empregador, tendo o empregado direito a nova concessão (ou indenização correspondente), ao pressuposto de que o instituto não atingiu sua plena finalidade.

6.10.1.6 Reconsideração

Concedido o aviso prévio, após o seu prazo, a rescisão contratual se efetiva. Porém, se a parte notificante reconsiderar o ato, antes do término do prazo do aviso, a outra parte tem a faculdade de aceitar ou não a reconsideração (art. 489, CLT). Aceita a reconsideração ou simplesmente continuando a prestação dos serviços após expirado o prazo, o contrato permanecerá vigorando, como se o aviso não tivesse sido dado (parágrafo único).

6.10.1.7 Falta grave no curso do aviso prévio

Pode sobrevir, durante o aviso prévio, a prática de falta grave por parte de empregado ou empregador. Caso este último pratique ato que justifique a rescisão imediata do contrato, fica ele sujeito ao pagamento da remuneração equivalente ao prazo do aviso, sem prejuízo da indenização que seja devida (art. 490, CLT).

Se o empregado, por sua vez, cometer falta grave, perderá o direito ao restante do prazo do aviso prévio (art. 491, CLT). A jurisprudência indica, ainda, que a caracterização de justa causa, *salvo a de abandono de emprego,* no curso do prazo do aviso prévio concedido pelo empregador, retira do empregado qualquer direito às verbas rescisórias de natureza indenizatória (Súmula nº 73, TST). Vale observar a ressalva à justa causa por abandono de emprego, pois se presume que, nessa hipótese, o aviso prévio cumpriu sua finalidade (e o trabalhador obteve nova ocupação).

6.10.1.8 Ausência de aviso prévio

A falta do aviso prévio pelo empregador enseja ao empregado o direito aos salários equivalentes ao prazo do aviso, assegurada sempre a integração do período do aviso no seu tempo de serviço (art. 487, § 1º, CLT). Ou seja, em caso de ausência de aviso prévio por parte do empregador, o empregado terá direito a indenização correspondente aos salários do prazo do aviso (ex., 30 dias de aviso = 30 dias de salários indenizados; 45 dias de aviso = 45 dias de salários indenizados), sem prejuízo do cômputo desse período no seu tempo de serviço. Tem-se, nessa hipótese, o chamado **aviso prévio indenizado**.

Importante!

O prazo do aviso prévio (trabalhado ou indenizado) sempre integrará o tempo de serviço do empregado, a teor do art. 487, § 1º, da CLT.

Já a falta de aviso prévio pelo empregado resulta, para o empregador, no direito de descontar os salários correspondentes ao prazo respectivo (art. 487, § 2º, CLT), que será sempre de 30 dias (lembrando que a proporcionalidade ao tempo de serviço não é aplicável nesse caso).

6.10.1.9 Base de cálculo

Para fins de cálculo do montante devido em caso de *aviso prévio indenizado*, será considerado o **salário** do empregado. Cuidando-se, porém, de salário pago na base de tarefa, o cálculo será feito de acordo com a média dos últimos 12 (doze) meses de serviço (art. 487, § 3º, CLT).

O montante das horas extras habituais integra a base de cálculo do aviso prévio indenizado (art. 487, § 5º, CLT).

O reajustamento salarial coletivo, determinado no curso do aviso prévio, favorece o empregado pré-avisado da despedida, ainda que tenha recebido antecipadamente os salários correspondentes ao período do aviso, que integra seu tempo de serviço para todos os efeitos legais (art. 487, § 6°, CLT).

A gratificação semestral (Súmula n° 253, TST) e as gorjetas (Súmula n° 354, TST) não refletem no aviso prévio indenizado, isto é, não compõem sua base de cálculo.

6.10.1.10 Efeitos do aviso prévio

Como visto, seja trabalhado, seja indenizado, o aviso prévio integra o tempo de serviço para todos os efeitos do contrato de trabalho (art. 487, § 1°, CLT). Isso gera reflexos importantes:

- a data de saída a ser registrada na CTPS deve corresponder à do término do prazo do aviso prévio, mesmo que indenizado (OJ n° 82, SBDI-1/TST);
- o prazo prescricional começa a fluir no final da data do término do aviso prévio (OJ n° 83, SBDI-1/TST);
- o pagamento relativo ao período do aviso prévio, trabalhado ou indenizado, está sujeito aos depósitos para o FGTS (Súmula n° 305, TST);
- em caso de concessão de auxílio-doença durante o prazo do aviso prévio, os efeitos da dispensa só se concretizam após expirado o benefício previdenciário (Súmula n° 371, TST).

6.10.2 Fundo de Garantia do Tempo de Serviço (FGTS)

Instituído pela Lei n° 5.107/1966 com o objetivo de facilitar a rotatividade de mão de obra, o FGTS correspondia a um regime alternativo ao sistema de estabilidade decenal e de indenizações então previsto na CLT (arts. 477, 479 e 492 a 500). À época, a Constituição vigente, de 1946, garantia aos trabalhadores o direito à estabilidade no emprego, na forma da lei (art. 157, XII). O artifício adotado pelo governo para "contornar" a previsão constitucional foi a criação do regime do FGTS em caráter facultativo, isto é, sua incidência dependia de opção a ser manifestada pelo trabalhador. Como era de se esperar, com o passar do tempo foi prevalecendo a vontade e o interesse dos empregadores nessa "opção", o que levou à diminuição dos empregados detentores da garantia da estabilidade decenal e ao aumento dos "optantes" pelo regime do FGTS. Vale lembrar a desigualdade estrutural existente entre empregado e empregador que dificulta, e por vezes impossibilita, que as manifestações de vontade de quem precisa do trabalho para viver sejam realmente livres.

Com a Constituição de 1988, o regime do FGTS tornou-se obrigatório para todos os trabalhadores urbanos e rurais (art. 7º, III), o que significou o término do sistema de estabilidade decenal e de indenização, ressalvados eventuais direitos adquiridos. O art. 7º, I, da Constituição assegurou, porém, proteção contra despedida arbitrária ou sem justa, nos termos de lei complementar. O art. 10, I, do ADCT estipula, por sua vez, que, enquanto não for promulgada a referida lei complementar, a proteção prevista no art. 7º, I, restringe-se ao aumento, para quatro vezes, da multa devida pelo empregador na hipótese de dispensa sem justa causa (a multa era, então, de 10%, consoante art. 6º da Lei nº 5.107/1966).

A Lei nº 5.107/1966 foi revogada pela Lei nº 7.839/1989, que, a seu turno, o foi pela Lei nº 8.036/1990, atualmente em vigor. Esta última lei ressalva expressamente o direito adquirido daqueles empregados que, à data da promulgação da Constituição de 1988, já eram estáveis na forma da legislação consolidada (art. 14, Lei nº 8.036/1990). Para aqueles empregados que ainda não eram estáveis, e possuíam tempo de serviço anterior a 5 de outubro de 1988, a Lei do FGTS prevê, além da submissão ao regime do FGTS, o pagamento de uma indenização por aquele tempo de serviço (§ 1º). A lei admite também a transação acerca desse período (§ 2º).

De acordo com o TST, a equivalência entre os regimes do FGTS e da estabilidade decenal é meramente jurídica (Súmula nº 98, I). Além disso, outras estabilidades, que não a decenal prevista na CLT, são compatíveis com o regime do FGTS (Súmula nº 98, II, TST). Trata-se aqui das estabilidades provisórias ou garantias de emprego, que serão vistas à frente.

O FGTS é composto de depósitos mensais efetuados pelo empregador em uma conta vinculada em nome do empregado. Os depósitos equivalem, em regra, a 8% da remuneração (incluídas as horas extras, ainda que eventuais, e também as gorjetas) paga ou devida ao trabalhador no mês anterior (art. 15, Lei nº 8.036/1990).[9] *Os valores devidos não são descontados da remuneração, mas calculados sobre esta.* Cuida-se, portanto, de obrigação do empregador e direito constitucional do empregado.

A conta vinculada do FGTS rende juros de 3% ao ano, além de correção monetária (art. 13), creditados pela CEF, que, na qualidade de agente operador do fundo, detém, entre outras obrigações, a de centralizar os recursos do FGTS, manter e controlar as contas vinculadas e emitir regularmente

---

[9.] Em contratos de aprendizagem, o depósito é de 2% da remuneração (art. 15, § 7º, Lei nº 8.036/1990).

os extratos individuais correspondentes a elas e participar da rede arrecadadora dos recursos do FGTS (art. 7°, I, da Lei n° 8.036/1990).

Em caso de rescisão do contrato de trabalho, por parte do empregador, ficará este obrigado a efetuar o depósito na conta vinculada do trabalhador no FGTS dos valores relativos aos depósitos referentes ao mês da rescisão e ao imediatamente anterior, que ainda não houver sido recolhido, sem prejuízo das cominações legais (art. 18, Lei n° 8.036/1990). Na hipótese de despedida pelo empregador sem justa causa, este deverá depositar, na conta vinculada do empregado no FGTS, o montante igual a 40% de todos os depósitos realizados na conta vinculada durante o contrato de trabalho, atualizados monetariamente e acrescidos dos respectivos juros (§ 1°). Tem-se aqui a previsão da usualmente denominada *multa de 40% do FGTS*, que, em verdade, tem *natureza de indenização*. Em caso de despedida por culpa recíproca ou força maior, reconhecida pela Justiça do Trabalho, a indenização será reduzida para 20% (§ 2°).

A legislação disciplina, ainda, as hipóteses de movimentação (isto é, saque) da conta vinculada por parte do trabalhador (art. 20, Lei n° 8.036/1990). As mais comuns são: despedida sem justa causa, inclusive a indireta, de culpa recíproca e de força maior (inciso I); extinção do contrato de trabalho por comum acordo, na forma do art. 484-A da CLT (inciso I-A); extinção total da empresa, encerramento de quaisquer de seus estabelecimentos, filiais ou agências, supressão de parte de suas atividades, declaração de nulidade do contrato de trabalho por falta de prévia aprovação em concurso público, ou ainda falecimento do empregador individual sempre que qualquer dessas ocorrências implique rescisão de contrato de trabalho, comprovada por declaração escrita da empresa, suprida, quando for o caso, por decisão judicial transitada em julgado (inciso II); aposentadoria concedida pelo INSS (inciso III); falecimento do trabalhador, quando o saldo será pago a seus dependentes, para esse fim habilitados perante a Previdência Social, consoante critério adotado para a concessão de pensões por morte (inciso IV); entre outras.

6.10.3 Indenização adicional dos arts. 9º da Lei nº 6.708/1979 e 9º da Lei nº 7.238/1984

O empregado que venha a ser dispensado, sem justa causa, dentro do período de 30 dias que antecede a data base de sua categoria profissional, terá direito à indenização adicional correspondente a um salário mensal.

A indenização adicional será apurada sobre o salário mensal devido na data da comunicação da dispensa, considerando-se, na base de cálculo, os adicionais legais ou convencionais, relacionados à unidade de tempo mensal, não sendo computável a gratificação natalina (Súmula nº 242, TST).

Para identificação da data da rescisão contratual, deve ser observada a projeção do aviso prévio (que integra o tempo de serviço do empregado). Em outras palavras, "o tempo do aviso prévio, mesmo indenizado, conta-se para efeito da indenização adicional prevista no art. 9º da Lei nº 6.708, de 30.10.1979" (Súmula nº 182, TST).

Além disso, ocorrendo a rescisão contratual no período de 30 (trinta) dias que antecede à data-base, observada a projeção do aviso prévio, o pagamento das verbas rescisórias com o salário já corrigido não afasta o direito à indenização adicional (Súmula nº 314, TST).

6.11 Verbas devidas nas principais modalidades de rescisão contratual

6.11.1 Contratos por prazo indeterminado

Dispensa sem justa causa, rescisão indireta e cessação das atividades da empresa	Dispensa por justa causa
■ saldo de salário;	■ saldo de salário;
■ aviso prévio proporcional ao tempo de serviço (arts. 7°, XXI, da Constituição, e 487 da CLT);	■ férias vencidas (arts. 7°, XVII, da Constituição, 146 e 147 da CLT).
■ gratificação natalina/13° salário (arts. 7°, VIII, da Constituição, e 3° da Lei n° 4.090/1962);	
■ férias vencidas (simples ou em dobro) e/ou proporcionais, ambas acrescidas de um terço (arts. 7°, XVII, da Constituição, 146 e 147, da CLT, e Súmulas n° 81, n° 171, n° 328 do TST);	
■ indenização adicional (se preenchidos os requisitos dos arts. 9° da Lei n° 6.708/1979 e 9° da Lei n° 7.238/1984);	
■ saque de FGTS + 40% (arts. 18, § 1°, e 20 da Lei n° 8.036/1990);	
■ seguro-desemprego (arts. 7°, II, da Constituição, e 3° da Lei n° 7.998/1990). Fornecimento, pelo empregador, da guia CD/SD (comunicação de dispensa e seguro-desemprego), sob pena de indenização (Súmula n° 389, I, TST).	

Pedido de demissão	Rescisão contratual por culpa recíproca
■ saldo de salário; ■ gratificação natalina/13º salário (arts. 7º, VIII, da Constituição, e 3º da Lei nº 4.090/1962 e Súmula nº 157, TST); ■ férias vencidas (simples ou em dobro) e/ou proporcionais, ambas acrescidas de um terço (arts. 7º, XVII, da Constituição, 146 e 147 da CLT e Súmulas nº 81, nº 171, 328, TST).	■ saldo de salário; ■ aviso prévio indenizado, pela metade (Súmula nº 14, TST); ■ gratificação natalina/13º salário (arts. 7º, VIII, da Constituição, e 3º da Lei nº 4.090/1962), pela metade (Súmula nº 14, TST); ■ férias vencidas (simples ou em dobro), acrescidas de um terço (arts. 7º, XVII, da Constituição, e 146, da CLT, e Súmulas nº 81 e nº 328, TST); ■ férias proporcionais, acrescidas de um terço (arts. 7º, XVII, da Constituição e 147 da CLT), pela metade (Súmula nº 14, TST); ■ saque de FGTS + 20% (art. 18, § 2º, Lei nº 8.036/1990).
Rescisão contratual por acordo	**Falecimento do empregado**
■ saldo de salário; ■ aviso prévio indenizado, pela metade (art. 484-A, I, *a*, CLT); ■ gratificação natalina/13º salário (arts. 7º, VIII, da Constituição, e 3º da Lei nº 4.090/1962); ■ férias vencidas (simples ou em dobro) e/ou proporcionais, ambas acrescidas de um terço (arts. 7º, XVII, da Constituição, 146 e 147, da CLT, e Súmulas nº 81, nº 171, nº 328 do TST); ■ saque de 80% dos depósitos do FGTS + indenização de 20% (art. 484-A, II, CLT).	■ saldo de salário; ■ gratificação natalina/13º salário (arts. 7º, VIII, da Constituição, 3º, da Lei nº 4.090/1962, e 82 do Decreto nº 10.854/2021); ■ férias vencidas (simples ou em dobro) e/ou proporcionais, ambas acrescidas de um terço (arts. 7º, XVII, da Constituição, 146 e 147, da CLT, e Súmulas nº 81, nº 171, nº 328 do TST); ■ saque do FGTS (art. 20, IV, Lei nº 8.036/1990).

6.11.2 Contratos por prazo determinado

Extinção normal	Extinção antecipada
■ saldo de salário; ■ gratificação natalina/13° salário (arts. 7°, VIII, da Constituição, e 3° da Lei n° 4.090/1962); ■ férias vencidas (simples ou em dobro) e/ou proporcionais, ambas acrescidas de um terço (arts. 7°, XVII, da Constituição, 146 e 147, da CLT, e Súmulas n° 81, n° 171, n° 328 do TST); ■ saque de FGTS (art. 20, IX, da Lei n° 8.036/1990);	I. de iniciativa do empregador: ■ saldo de salário; ■ gratificação natalina/13° salário (arts. 7°, VIII, da Constituição, e 3° da Lei n° 4.090/1962); ■ férias vencidas (simples ou em dobro) e/ou proporcionais, ambas acrescidas de um terço (arts. 7°, XVII, da Constituição, 146 e 147, da CLT, e Súmulas n° 81, n° 171, n° 328 do TST); ■ saque de FGTS (arts. 9°, §§ 1° e 2°, e 14 do Decreto n° 99.684/1990); ■ indenização correspondente a metade da remuneração que seria devida até o término do contrato (art. 479, CLT); II. de iniciativa do empregado: ■ saldo de salário; ■ gratificação natalina/13° salário (arts. 7°, VIII, da Constituição, e 3° da Lei n° 4.090/1962); ■ férias vencidas (simples ou em dobro) e/ou proporcionais, ambas acrescidas de um terço (arts. 7°, XVII, da Constituição, 146 e 147, da CLT, e Súmulas n° 81, n° 171, n° 328 do TST). ■ o empregador terá direito a descontar, a título de indenização, o valor dos prejuízos sofridos com a rescisão antecipada, limitado a metade da remuneração que seria devida ao empregado até o término do contrato (art. 480, CLT).

	III. com cláusula assecuratória do direito recíproco de rescisão antecipada: ■ mesmas verbas da dispensa sem justa causa, se a iniciativa for do empregador (aviso prévio; 13° salário proporcional; férias proporcionais com o 1/3; FGTS acrescido de 40%); ■ mesmas verbas do pedido de demissão, se a iniciativa for do empregado (13° proporcional; férias proporcionais mais o 1/3; empregado precisa pré-avisar o contratante).

6.12 Formalidades da extinção do contrato de trabalho

Por ocasião da extinção contratual, o empregador deverá proceder à anotação na Carteira de Trabalho e Previdência Social, comunicar a dispensa aos órgãos competentes e realizar o pagamento das verbas rescisórias no prazo e na forma legais (art. 477, CLT). Há, portanto, obrigações de fazer (anotar a CTPS, por exemplo) e de pagar.

6.12.1 Assistência

A legislação previa a obrigatoriedade de assistência sindical (ou do Ministério do Trabalho) sempre que se tratasse de pedido de demissão ou rescisão contratual de empregado que contasse com mais de um ano de serviço, mas o dispositivo (§ 1° do art. 477, CLT) foi revogado pela Lei n° 13.467/2017.

No caso de menor de 18 anos, a assistência dos responsáveis legais é obrigatória (art. 439, CLT).

6.12.2 Discriminação e quitação das verbas rescisórias

As parcelas rescisórias, com os respectivos valores, devem ser discriminadas no termo de quitação (utiliza-se, como regra, o Termo de Rescisão do Contrato de Trabalho – TRCT). Assim, *o instrumento de rescisão ou recibo de quitação, qualquer que seja a modalidade de dissolução do contrato, deve ter especificada a* natureza de cada parcela paga e discriminado o seu respectivo valor, sendo válida a quitação, tão somente, quanto a essas parcelas (art. 477, § 2°, CLT). Ou seja, não há falar em quitação integral do contrato de trabalho.

Como decorrência dessa regra, a jurisprudência firmou o entendimento de que a quitação dada pelo empregado, observados os requisitos legais, detém eficácia liberatória apenas em relação às parcelas expressamente consignadas no recibo, salvo se oposta ressalva expressa e especificada ao valor dado à parcela ou às parcelas impugnadas. Por conseguinte, a quitação não alcança parcelas não registradas no recibo de quitação e, consequentemente, seus reflexos em outras parcelas, ainda que estas constem desse recibo. Com relação a direitos que deveriam ter sido satisfeitos na vigência do contrato de trabalho, a quitação é válida quanto ao período expressamente consignado no recibo de quitação (Súmula n° 330, TST).

Essa regra não difere, na essência, do que vale no Direito Civil, em que a quitação também deverá designar o valor e a espécie da dívida quitada (art. 320, CCB).

6.12.3 Forma de pagamento

As verbas rescisórias serão pagas em dinheiro, depósito bancário ou cheque visado, consoante ajuste entre os contratantes, ou, se o empregado for analfabeto, em dinheiro ou depósito bancário (art. 477, § 4°, CLT).

6.12.4 Compensação

O empregador poderá compensar, nas verbas rescisórias, valores devidos pelo empregado em razão do contrato de trabalho, mas essa compensação não poderá exceder o correspondente a um mês de remuneração (art. 477, § 5°, CLT).

6.12.5 Prazo para cumprimento das obrigações rescisórias

As obrigações rescisórias são complexas, não restringindo ao pagamento das verbas. A entrega ao empregado de documentos que comprovem a comunicação da extinção do contrato de trabalho aos órgãos competentes, assim como o pagamento dos valores constantes do instrumento de rescisão ou recibo de quitação, deverão ser realizados até dez dias contados a partir do término do contrato (art. 477, § 6°, CLT).[10] Entre os documentos probatórios, estão também os relativos aos depósitos do FGTS e à indenização de 40%, quando for o caso (art. 18, § 3°, Lei n° 8.036/1990).

6.12.6 Consequência da inobservância do prazo legal

A inobservância do prazo legal (art. 477, § 6°, CLT) sujeita o empregador ao pagamento de multa, em benefício do empregado, em montante equivalente ao seu salário, salvo quando, comprovadamente, o empregado tenha dado causa à mora (art. 477, § 8°, CLT). A multa é aplicável sem prejuízo da penalidade administrativa pertinente.

---

[10] Em se tratando de *aviso prévio indenizado*, o prazo para cumprimento das obrigações rescisórias será a data da comunicação da dispensa ou encerramento da prestação dos serviços, não sendo considerada, para esse fim, a projeção do aviso (que, porém, continuará integrando o tempo de serviço do empregado para todas as demais finalidades). Entendimento contrário levaria a situação incongruente e que inverteria o sentido do direito à proporcionalidade do aviso prévio ao tempo de serviço, qual seja, o empregado que detivesse maior tempo de serviço seria obrigado a aguardar longo prazo para ver adimplidas as obrigações rescisórias.

O reconhecimento judicial do vínculo empregatício, com o pagamento apenas em juízo das verbas rescisórias, atrai a aplicação da penalidade do § 8º do art. 477 da CLT. Consoante a jurisprudência, "a circunstância de a relação de emprego ter sido reconhecida apenas em juízo não tem o condão de afastar a incidência da multa prevista no art. 477, § 8º, da CLT. A referida multa não será devida apenas quando, comprovadamente, o empregado der causa à mora no pagamento das verbas rescisórias" (Súmula nº 462, TST).

A jurisprudência do TST também indica que "o pagamento parcelado das verbas rescisórias, ainda que com o consentimento do empregado e com a anuência do sindicato, não exclui a incidência da multa prevista no § 8º do art. 477 da CLT".[11]

Em caso de recusa do empregado em receber o valor constante do TRCT, compete ao empregador ajuizar ação de consignação em pagamento, no prazo legal, e depositar o montante correspondente às verbas rescisórias que entende devidas, de modo a evitar a caracterização de sua mora. O entendimento do TST é no sentido de que, "ainda que haja a recusa do empregado em receber as verbas rescisórias, para que o empregador não incorra em mora no que se refere à quitação dessa parcela resilitória, mostra-se necessário o ajuizamento de ação de consignação em pagamento no prazo previsto na alínea *b* do § 6º do artigo 477 da CLT".[12]

6.12.7 Pagamento das verbas rescisórias incontroversas em juízo

Na hipótese de rescisão de contrato de trabalho, se houver controvérsia sobre o montante das *verbas rescisórias*, o empregador é obrigado a pagar ao trabalhador, à data do compa-

---

11. AIRR – 24338-29.2015.5.24.0031, Relatora Ministra: Maria Helena Mallmann, Data de Julgamento: 22/03/2017, 2ª Turma, Data de Publicação: *DeJT* 31/03/2017.
12. AIRR – 564-92.2014.5.06.0002, Relator Ministro: José Roberto Freire Pimenta, Data de Julgamento: 27/09/2017, 2ª Turma, Data de Publicação: *DeJT* 06/10/2017.

recimento à Justiça do Trabalho, a parte incontroversa dessas verbas, sob pena de pagá-las acrescidas de 50% (art. 467, CLT).

A massa falida, diante da indisponibilidade financeira e patrimonial, não está sujeita às penalidades dos arts. 467 e 477, § 8°, da CLT (Súmula n° 388, TST).

6.13 Quitação anual

A legislação faculta a empregados e empregadores, estando ou não em vigor o contrato de trabalho, firmar termo de quitação anual de obrigações trabalhistas perante o sindicato da categoria profissional. O termo conterá a discriminação das obrigações de dar e fazer cumpridas mensalmente e dele constará a quitação anual a ser conferida pelo empregado, com eficácia liberatória relativamente às parcelas ali especificadas (art. 507-B, CLT).

A faculdade da quitação anual não poderá, contudo, ser utilizada para pagamento das obrigações rescisórias, a respeito das quais a legislação estabeleceu procedimento específico (art. 477, CLT).

6.14 Dispensas coletivas ou em massa

A Lei n° 13.467/2017 inseriu o art. 477-A na CLT: "as dispensas imotivadas individuais, plúrimas ou coletivas equiparam-se para todos os fins, não havendo necessidade de autorização prévia de entidade sindical ou de celebração de convenção coletiva ou acordo coletivo de trabalho para sua efetivação".

Essa previsão legal, porém, deve ser questionada à luz da Constituição (arts. 7°, I, e 8°, III) e das convenções da OIT (n° 11, nº 98, nº 135, nº 141 e nº 151) ratificadas pelo Brasil. O TST já firmou, acertadamente, o entendimento de que:

> na vigência da Constituição de 1988, das convenções internacionais da OIT ratificadas pelo Brasil relativas a direitos humanos e, por consequência, direitos trabalhistas, e em face da leitura atualizada da legislação infraconstitucional do país, é inevitável concluir-se pela presença de um Estado Democrático de Direito no Brasil, de um regime de império da norma jurídica (e não do poder incontrastável privado), de uma sociedade civilizada, de uma cultura de bem-estar social e respeito à dignidade dos seres humanos, tudo repelindo, imperativamente, dispensas massivas de pessoas, abalando empresa, cidade e toda uma importante região. [Por conseguinte, a Corte fixou] por interpretação da ordem jurídica, a premissa de que **"a negociação coletiva é imprescindível para a dispensa em massa de trabalhadores"**.[13] (grifo nosso)

6.15 Rescisão contratual decorrente da adesão a plano de dispensa/demissão voluntária

A Lei nº 13.467/2017 inseriu também o art. 477-B à CLT, prevendo que o plano de demissão voluntária ou incentivada, para dispensa individual, plúrima ou coletiva, previsto em convenção coletiva ou acordo coletivo de trabalho, enseja quitação plena e irrevogável dos direitos decorrentes da relação de emprego, exceto ajuste em contrário estipulado entre os contratantes.

[13.] ED-RODC – 30900-12.2009.5.15.0000, Relator Ministro: Mauricio Godinho Delgado, Data de Julgamento: 10/08/2009, Seção Especializada em Dissídios Coletivos, Data de Publicação: *DeJT* 04/09/2009.

É lógico que o que teria o condão de ensejar a quitação descrita no preceito legal é a *adesão do empregado* ao plano de dispensa ou demissão voluntária ou incentivada.

Vale ter em vista, ainda, a jurisprudência consolidada no sentido de que a transação extrajudicial que implica rescisão do contrato de trabalho em razão da adesão do empregado a plano de demissão voluntária acarreta **quitação exclusivamente das parcelas e valores constantes do recibo** (OJ n° 270, SBDI-1/TST).

A respeito do tema, o STF, examinando plano de demissão voluntária sobre o qual havia norma coletiva estabelecendo que a adesão do empregado implicava quitação ampla e irrestrita de todas as verbas decorrentes do contrato de trabalho, conferiu validade à referida norma coletiva. Por conseguinte, a Corte fixou a seguinte tese com repercussão geral:

> a transação extrajudicial que importa rescisão do contrato de trabalho, em razão de adesão voluntária do empregado a plano de dispensa incentivada, enseja quitação ampla e irrestrita de todas as parcelas objeto do contrato de emprego, caso essa condição tenha constado expressamente do acordo coletivo que aprovou o plano, bem como dos demais instrumentos celebrados com o empregado.[14]

É importante notar que a tese fixada pelo STF com repercussão geral é diferente do que foi estabelecido pelo legislador no art. 477-B da CLT, uma vez que a Corte reconheceu o efeito amplo de quitação tão somente porque estava previsto em norma coletiva.

---

[14] RE 590.415/SC, Rel. Min. Roberto Barroso, acórdão publicado no *DJe* de 29/05/2015.

7

Estabilidades e garantias de emprego

7.1 Conceito

Estabilidade corresponde a uma limitação, provisória ou não, à faculdade do empregador de dispensar imotivadamente o empregado.

7.1.1 Estabilidades definitivas

A CLT disciplinava a figura da *estabilidade decenal*, modalidade de estabilidade definitiva que deixou de valer com a Constituição de 1988, como será visto à frente. Nesse instituto, o empregado que contasse mais de 10 anos de serviço na mesma empresa não poderia ser despedido senão por motivo de falta grave ou circunstância de força maior, devidamente comprovadas (art. 492, CLT).

Para a comprovação de eventual falta grave cometida pelo empregado, incumbia ao empregador ajuizar, na Justiça do Trabalho, o *inquérito judicial para apuração de falta grave*, disciplinado nos arts. 853 a 855 da CLT.

O empregador detinha a faculdade de suspender o empregado, mas a despedida só se tornaria efetiva caso procedente a acusação de falta grave (art. 494, CLT). E, reconhecida a inexistência de falta grave, o empregador ficaria obrigado a reintegrar o empregado ao emprego, pagando-lhe os salários do período de suspensão (art. 495, CLT). Entretanto, caso o juízo entendesse desaconselhável a reintegração, em razão do grau de incompatibilidade entre as partes, sobretudo quando se tratasse de empregador pessoa física, o direito à reintegração poderia ser convertido em indenização (art. 496, CLT).

Para o empregado que ainda não tivesse alcançado a estabilidade, a proteção ao emprego restringia-se a uma indenização, paga na base da maior remuneração percebida na empresa, desde que ele não tivesse dado motivo para o término da relação de emprego e não houvesse prazo estipulado para o encerramento do contrato (art. 477, CLT, **na redação anterior à Lei nº 13.467/2017**).

Essa indenização correspondia a um mês de remuneração por ano de serviço efetivo, ou por ano e fração igual ou superior a seis meses de contrato, sendo que o primeiro ano era considerado período de experiência, de modo que, antes de ser completado, nenhuma indenização seria devida (art. 478, *caput* e § 1º, CLT).

Como já indicado, a partir da criação do regime do Fundo de Garantia do Tempo de Serviço (FGTS) pela Lei nº 5.107/1966, passaram a existir dois sistemas: o da estabilidade decenal, previsto na CLT, e o do FGTS. Cabia ao empregado (nem sempre em plenas condições de liberdade) optar por um ou por outro.

A Constituição de 1988 tornou obrigatório o regime do FGTS (art. 7º, III) e, dessa forma, o sistema da estabilidade decenal previsto na CLT não foi recepcionado, ressalvados apenas os direitos adquiridos.

Como modalidade de estabilidade definitiva, subsiste, então, apenas a do servidor público celetista da administração direta, autárquica ou fundacional, nos termos do art. 41 da Constituição ("são estáveis após três anos de efetivo exercício os servidores nomeados para cargo de provimento efetivo em virtude de concurso público"). O TST entende que o servidor público celetista da administração direta, autárquica ou fundacional se beneficia da estabilidade disposta no art. 41 da Constituição (Súmula n° 390, I, TST).

Essa estabilidade não é, contudo, garantida a empregado de empresa pública ou de sociedade de economia mista, ainda que contratado mediante aprovação em concurso público (Súmula n° 390, II, TST).

Ao lado das estabilidades definitivas (decenal e do servidor público celetista), há as estabilidades provisórias, também denominadas *garantias de emprego*.

7.1.2 Estabilidades provisórias ou garantias de emprego

Aqui há limitação temporária da faculdade do empregador de dispensar imotivadamente ou sem justa causa o empregado.

Na hipótese de uma despedida irregular de empregado detentor de estabilidade provisória, a consequência é o direito à reintegração, isto é, o retorno ao emprego, com o recebimento dos salários do período de afastamento e a garantia de preservação do emprego até o término do prazo da estabilidade.

Entretanto, como se trata de estabilidade provisória, a reintegração é possível desde que ocorra ainda no prazo da garantia de emprego. Assim, uma vez exaurido o período de estabilidade, são devidos tão somente os salários do período compreendido entre a data da despedida e o final do período de estabilidade, não sendo assegurada a reintegração no emprego (Súmula n° 396, I, TST).

A esse respeito, a jurisprudência indica, para fins processuais, que não há julgamento *extra petita* caso o empregado postule a reintegração no emprego, mas a decisão judicial, diante do término da estabilidade provisória, defira os salários do período entre a dispensa e o fim da garantia de emprego (Súmula n° 396, II, TST).

Vejamos as principais modalidades de estabilidades provisórias.

7.1.2.1 Dirigente sindical

A legislação veda a dispensa do empregado sindicalizado desde o registro da candidatura a cargo de direção ou representação sindical e, se eleito, mesmo que suplente, até um ano após o final do mandato, exceto se cometer falta grave nos termos legais (art. 8°, VIII, da Constituição e art. 543, § 3°, da CLT).[1]

Eventual infração disciplinar que seja atribuída ao dirigente sindical deve ser apurada em *inquérito judicial para apu-*

[1.] A garantia de emprego do dirigente sindical está de acordo com a Convenção n° 135 da OIT (aprovada pelo Decreto Legislativo n° 86/1989 e promulgada em 22/05/1991), cujo art. 1° determina: "os representantes dos trabalhadores na empresa devem ser beneficiados com uma proteção eficiente contra quaisquer medidas que poderiam vir a prejudicá-los, inclusive a licenciamento, e que seriam motivadas por sua qualidade ou suas atividades como representantes dos trabalhadores, sua filiação sindical, ou participação em atividades sindicais, conquanto ajam de acordo com as leis, convenções coletivas ou outros arranjos convencionais vigorando". O texto da convenção pode ser conferido no Anexo XLVI do Decreto n° 10.088/2019, que consolidou os atos do Poder Executivo Federal sobre a promulgação de convenções e recomendações da OIT.

ração de falta grave (Súmula nº 197, STF e Súmula nº 379, TST). Assim, a despedida só se aperfeiçoa se, no inquérito, for reconhecida a falta grave que enseje a caracterização da justa causa.

Compete à entidade sindical comunicar por escrito ao empregador, no prazo de 24 horas, o dia e a hora do registro da candidatura do empregado e, em igual prazo, sua eleição e posse, fornecendo ao trabalhador comprovante no mesmo sentido (art. 543, § 5°, CLT). Mas o empregado eleito dirigente sindical terá garantida a estabilidade provisória ainda que a referida comunicação seja realizada fora do prazo legal, desde que a ciência por parte do empregador, por qualquer meio, se dê na vigência do contrato de trabalho (Súmula nº 369, I, TST).

A administração do sindicato, segundo a previsão legal, é exercida por diretoria composta de, no máximo, sete e, no mínimo, três membros, e pelo conselho fiscal, constituído por três membros – ambos os órgãos são eleitos pela assembleia geral (art. 522, CLT). Diante da restrição prevista em lei, que a jurisprudência reputa recepcionada pela Constituição (não obstante a previsão do art. 8°, I, de vedação de interferência e intervenção do poder público na organização sindical), entende-se que a estabilidade provisória é limitada a sete dirigentes sindicais e igual número de suplentes (Súmula nº 369, II, do TST).

Tratando-se de empregado de categoria profissional diferenciada eleito dirigente sindical, só haverá fruição da garantia de emprego caso exerça na empresa atividade pertinente à categoria profissional do sindicato para o qual foi eleito dirigente (Súmula nº 369, III, do TST).[2]

[2.] A categoria profissional diferenciada é a formada pelos empregados que exercem profissões ou funções diferenciadas por força de estatuto profissional especial ou em consequência de condições de vida singulares (art. 511, § 3°, CLT). É o caso, por exemplo, de motoristas, jornalistas profissionais, professores, entre outros.

Na hipótese de extinção da atividade empresarial no âmbito da base territorial do sindicato profissional, deixa de subsistir a estabilidade no emprego (Súmula n° 369, IV, TST), que perde sua razão de ser.

Entende-se, além disso, que não há direito à garantia de emprego em caso de registro da candidatura a cargo de dirigente sindical durante o período do aviso prévio, ainda que indenizado (Súmula n° 369, V, TST).

A jurisprudência indica que o membro do conselho fiscal do sindicato não representa nem atua na defesa de direitos da categoria respectiva, tendo sua competência limitada à fiscalização da gestão financeira do sindicato, motivo pelo qual não tem direito à estabilidade provisória (OJ n° 365, SBDI-1/TST).

Com relação ao delegado sindical, também há entendimento de que não é beneficiário da estabilidade provisória do dirigente, porque a garantia se destina apenas aos que exercem ou ocupam cargos de direção nos sindicatos, sujeitos a processo eletivo (OJ n° 369, SBDI-1/TST) – os delegados sindicais são designados pela diretoria do sindicato (art. 523, CLT).

7.1.2.2 Representante dos empregados na comissão interna de prevenção de acidentes

A comissão interna de prevenção de acidentes (CIPA – disciplinada nos arts. 162 a 165 da CLT e em normas regulamentares do Ministério do Trabalho) tem por finalidade a prevenção de acidentes e doenças decorrentes do trabalho, de forma a compatibilizar permanentemente o trabalho e a preservação da vida e a promoção da saúde do trabalhador (item 5.1 da NR n° 5 do Ministério do Trabalho).

Cada CIPA é composta de representantes da empresa e dos empregados. Os representantes do empregador, titulares e suplentes, são por ele designados, e os representantes dos empregados, titulares e suplentes, são eleitos em escrutínio secreto, com participação apenas dos empregados interessados, para mandato de um ano, permitida uma reeleição (art. 164, §§ 1°, 2° e 3°, CLT).

O empregado *eleito* para cargo de direção de comissão interna de prevenção de acidentes (também denominado *cipeiro*) não pode ser dispensado de forma arbitrária ou sem justa causa a partir do registro de sua candidatura até um ano após o final de seu mandato (art. 10, II, *a*, ADCT). A garantia de emprego é aplicável ao suplente da CIPA (Súmula n° 339, I, TST).

A vedação é à despedida arbitrária ou sem justa causa, não sendo assim considerada a que se fundar em motivo disciplinar, técnico, econômico ou financeiro. Realizada a despedida, compete ao empregador, na hipótese de reclamação na Justiça do Trabalho, demonstrar a existência de algum desses motivos, sob pena de ser condenado a reintegrar o empregado (art. 165, CLT). Não há necessidade, portanto, de ajuizamento de inquérito judicial para apuração de falta grave.

É importante o entendimento da jurisprudência de que a estabilidade provisória do cipeiro não representa vantagem pessoal, mas, sim, garantia para as atividades dos membros da CIPA, que somente se justifica quando em atividade a empresa. Assim, extinto o estabelecimento, não há despedida arbitrária, sendo impossível a reintegração e indevida a indenização do período estabilitário (Súmula n° 339, II, TST).

7.1.2.3 *Empregada gestante*

Trata-se de relevante garantia de emprego para a mulher, como meio de coibir retaliações por parte do empregador, decorrentes da situação de gestante. Seu objetivo é a proteção ao trabalho da mulher (e, indiretamente, a proteção ao nascituro, sujeita à proteção daquela) e assegurar melhores condições ao exercício do direito à maternidade.

Com esse objetivo, é vedada a dispensa arbitrária ou sem justa causa da empregada gestante, a partir da confirmação da gravidez até cinco meses depois do parto (art. 10, II, *b*, do ADCT).[3]

A expressão *confirmação da gravidez* deve ser compreendida como o momento da concepção, independentemente de ciência da gestação pela empregada ou pelo empregador. O STF fixou, com repercussão geral, a tese de que "a incidência da estabilidade prevista no art. 10, inc. II, do ADCT, somente exige a anterioridade da gravidez à dispensa sem justa causa".[4]

Assim, o desconhecimento da gravidez pelo empregador não afasta o direito ao pagamento da indenização decorrente da estabilidade provisória, nos termos da Súmula nº 244, I, do TST. Esse verbete, "ao interpretar o artigo [10, II, *b*, do ADCT], atribui a responsabilidade objetiva ao empregador, levando em conta a premissa de que o importante é a concepção no curso do contrato de trabalho".[5]

Por se tratar de estabilidade provisória, a garantia de emprego à gestante (em caso de despedida arbitrária ou sem justa causa) só autoriza a reintegração caso esta se dê durante o período de estabilidade. Do contrário, a garantia fica restrita aos salários e demais direitos correspondentes ao período de estabilidade (Súmula nº 244, II, TST).

[3.] A estabilidade provisória no emprego não se confunde com a licença-maternidade, que é de 120 dias e pode ser estendida por mais 60 dias no caso de empregadores que participem do Programa Empresa Cidadã.
[4.] RE 629053/SP, Red. Min. Alexandre de Moraes, acórdão no *DJe* de 17/02/2019.
[5.] TST, RR-10563-81.2018.5.03.0109, 6ª Turma, Relatora Ministra Kátia Magalhães Arruda, *DeJT* 20/09/2019.

O direito à garantia de emprego é reconhecido também na hipótese de admissão mediante contrato por tempo determinado (Súmula n° 244, III, TST). Entretanto, em se tratando do regime de trabalho temporário previsto na Lei n° 6.019/1974, a jurisprudência do TST entende inaplicável a estabilidade provisória à empregada gestante.[6]

Cumpre observar, porém, que o STF reconhece o direito da gestante à estabilidade mesmo em contratações precárias, como a da servidora pública ocupante de cargo em comissão ou exercente de função de confiança, ou ainda, das trabalhadoras contratadas por prazo determinado na forma do art. 37, IX, da Constituição. Com efeito, a Corte já assentou que:

> as gestantes – quer se trate de servidoras públicas, quer se cuide de trabalhadoras, **qualquer que seja o regime jurídico a elas aplicável, não importando se de caráter administrativo ou de natureza contratual** (CLT), mesmo aquelas ocupantes de cargo em comissão ou exercentes de função de confiança ou, ainda, as contratadas por prazo determinado, inclusive na hipótese prevista no inciso IX do art. 37 da Constituição, **ou admitidas a título precário** – têm direito público subjetivo à estabilidade provisória, desde a confirmação do estado fisiológico de gravidez até cinco (5) meses após o parto (ADCT, art. 10, II, *b*), e, também, à licença-maternidade de 120 dias (CF, art. 7º, XVIII, c/c o art. 39, § 3º), sendo-lhes preservada, em consequência, nesse período, a integridade do vínculo jurídico que as une à Administração Pública ou ao empre-

---

[6]. Essa posição do TST foi firmada no Incidente de Assunção de Competência 5639-31.2013.5.12.0051, em sessão do Pleno em 18/11/2019, com acórdão do plenário publicado no *DeJT* em 29/07/2020. Conferir, também, entre outros, RR-3277-76.2013.5.02.0005, 6ª Turma, Relator Ministro Augusto César Leite de Carvalho, *DeJT* 14/02/2020.

gador, sem prejuízo da integral percepção do estipêndio funcional ou da remuneração laboral"(grifos nossos).[7]

É garantida à empregada gestante a estabilidade provisória no emprego desde que a confirmação do estado de gravidez (isto é, a concepção) ocorra no curso do contrato de trabalho, *ainda que durante o prazo do aviso prévio trabalhado ou indenizado* (art. 391-A, CLT). O mesmo direito é reconhecido à empregada doméstica gestante (art. 25, parágrafo único, LC nº 150/2015).

7.1.2.4 *Empregado que sofre acidente do trabalho ou desenvolve doença do trabalho ou profissional*

Ao empregado, segurado obrigatório do INSS, que sofre acidente do trabalho, é garantida, pelo prazo mínimo de 12 meses, a manutenção do seu contrato de trabalho na empresa, após a cessação do auxílio-doença acidentário, havendo ou não percebimento de auxílio-acidente (art. 118, Lei nº 8.213/1991).

O direito à estabilidade provisória também é assegurado em se tratando de doença do trabalho ou profissional, equiparadas, pela legislação previdenciária, a acidente do trabalho (art. 20, I e II, Lei nº 8.213/1991).

De acordo com a jurisprudência, esse direito à estabilidade provisória é compatível com a Constituição (Súmula nº 378, I, TST). Os pressupostos para o reconhecimento do direito à garantia de emprego são o afastamento superior a 15 dias e o consequente recebimento do auxílio-doença acidentário (isto é, auxílio-doença pago pela Previdência Social sob o código

---

[7]. Ag-R-RE 634093/DF, Relator Min. Celso de Mello, Segunda Turma, Acórdão no *DJe* de 07/12/2011.

91), exceto se verificada, após a dispensa, doença profissional que guarde relação de causalidade com os serviços prestados durante o contrato de trabalho (Súmula n° 378, II, TST).

> Vale notar que, na hipótese em que a enfermidade é constatada após o término do contrato, não terá havido afastamento superior a 15 dias, mas, ainda assim, a identificação do nexo causal entre a doença e o trabalho autoriza o reconhecimento do direito à estabilidade provisória no emprego.

A contratação por prazo determinado não afasta o direito à garantia de emprego caso ocorra acidente do trabalho (ou doença do trabalho ou profissional), segundo a jurisprudência (Súmula n° 378, III, TST).

7.1.2.5 Outras modalidades de garantias de emprego

- **Membros do Conselho Curador do FGTS representantes dos trabalhadores**: "aos membros do Conselho Curador, enquanto representantes dos trabalhadores, efetivos e suplentes, é assegurada a estabilidade no emprego, da nomeação até um ano após o término do mandato de representação, somente podendo ser demitidos por motivo de falta grave, regularmente comprovada através de processo sindical" (art. 3°, § 9°, da Lei n° 8.036/1990).

- **Diretores de Cooperativa de Empregados**: "os empregados de empresas que sejam eleitos diretores de sociedades cooperativas pelos mesmos criadas, gozarão das garantias asseguradas aos dirigentes sindicais pelo artigo 543 da Consolidação das Leis do Trabalho (Decreto-lei n. 5.452, de 1° de maio de 1943)" (art. 55 da Lei 5.764/1971). A previsão legal, nesse caso, assegura a garantia de emprego tão somente aos eleitos diretores da Cooperativa, não alcançando os membros suplentes (OJ n° 253/SBDI-1/TST).

- **Membros do Conselho Nacional de Previdência Social representantes dos trabalhadores:** "aos membros do CNPS, enquanto representantes dos trabalhadores em atividade, titulares e suplentes, é assegurada a estabilidade no emprego, da nomeação até um ano após o término do mandato de representação, somente podendo ser demitidos por motivo de falta grave, regularmente comprovada através de processo judicial" (art. 3°, § 7°, da Lei n° 8.213/1991).
- **Representantes dos empregados membros de Comissões de Conciliação Prévia:** "é vedada a dispensa dos representantes dos empregados membros da Comissão de Conciliação Prévia, titulares e suplentes, até um ano após o final do mandato, salvo se cometerem falta grave, nos termos da lei" (art. 625-B, § 1°, CLT).

É importante notar que para essas quatro hipóteses de estabilidades provisórias no emprego a dispensa por falta grave exige a propositura, pelo empregador, de *inquérito judicial para apuração de falta grave*.

8

Jornada de trabalho

8.1 Conceito de jornada de trabalho

Como afirma Maurício Godinho Delgado (2019, p. 1024), a jornada mede a principal obrigação do empregado no contrato – o tempo de prestação de trabalho ou, pelo menos, de disponibilidade perante o empregador. Por ela mensura-se, também, em princípio, objetivamente, a extensão de transferência de força de trabalho em favor do empregador no contexto de uma relação empregatícia.[1]

A regra, quanto à limitação da duração laboral, é a de oito horas diárias e 44 semanais, facultando-se a compensação de horários e a redução da jornada, por meio de acordo ou convenção coletiva de trabalho (art. 7º, XIII, da Constituição).

Abaixo dos limites previstos constitucionalmente, as partes têm relativa liberdade de contratação, podendo pactuar jornadas inferiores, seja por previsão contratual, seja por norma coletiva (por exemplo, duração laboral de 8 horas diárias e 40 horas semanais).

---

1. A expressão *jornada de trabalho*, rigorosamente, refere-se tão somente ao módulo diário de serviço.

Em atenção a determinadas condições laborais, ou em razão de conquistas históricas dos empregados correspondentes, o legislador estabelece certas jornadas especiais de trabalho. É o que ocorre com os empregados em serviços de telefonia, para quem a duração máxima do trabalho é de seis horas diárias e 36 horas semanais (art. 227 da CLT), ou com os músicos profissionais em teatro e congêneres, cuja duração do trabalho será de seis horas (art. 232 da CLT).

8.2 Tempo de trabalho efetivo e tempo à disposição

Na jornada de trabalho, tem-se o cômputo do tempo de serviço efetivo, bem como do tempo em que o empregado está à disposição do empregador (ainda que sem realizar, concretamente, a execução do trabalho).

Em termos legais, é considerado como de serviço efetivo *o período em que o empregado está à disposição do empregador*, aguardando ou executando ordens, exceto se houver disposição especial expressa em contrário (art. 4°, CLT).

Segundo a jurisprudência, é classificado como tempo à disposição, a ser computado, então, na jornada de trabalho, o período em que o empregado realiza atividades como uniformização, higiene pessoal, lanche, entre outras.

Dois outros desdobramentos ocorreram a partir dessa noção de *tempo à disposição*:

8.2.1 Minutos residuais

Firmou-se o entendimento, na doutrina e na jurisprudência, e posteriormente foi positivada a regra de que não são descontadas nem computadas como jornada extraordinária as variações de horário no registro de ponto que não excedam de cinco minutos, respeitado o limite máximo de dez minutos diários (art. 58, § 1°, CLT).

A jurisprudência esclarece que, se for ultrapassado o limite de dez minutos diários, será considerada como extraordinária a totalidade do tempo excedente à jornada normal, porque configurado o *tempo à disposição do empregador*, sendo irrelevantes as atividades desenvolvidas no curso do tempo residual, como troca de uniforme, lanche, higiene pessoal etc. (Súmula n° 366, TST).

Não é considerado tempo à disposição do empregador nem é computado como jornada extra, caso exceda a duração normal, ainda que superado o limite de cinco minutos, o período em que o empregado, *por escolha própria*, busca proteção pessoal, na hipótese de insegurança nas vias públicas ou más condições climáticas, ou, ainda, quando adentrar ou permanecer nas dependências do estabelecimento para a realização de *atividades particulares*, como práticas religiosas, descanso, lazer, estudo, alimentação, relacionamento social, higiene, troca de roupa ou uniforme, quando não houver obrigação de realizar a troca na empresa (art. 4°, § 2°, CLT).

8.2.2 Tempo de deslocamento (*horas in itinere*)

Desde há muito tempo, a jurisprudência, partindo do conceito de tempo à disposição, definiu que o tempo gasto pelo empregado, em condução fornecida pelo empregador, até o local de trabalho *de difícil acesso, ou não servido por transporte público regular*, e para o seu retorno, é computável na jornada de trabalho (Súmula n° 90, I, TST), ou seja, caracteriza as *horas in itinere*. Esclareceu também que a incompatibilidade entre os horários de início e término da jornada de trabalho e os do transporte público regular também acarreta o direito às horas *in itinere* (Súmula nº 90, II, TST). Não é devido, porém, a consideração do tempo de deslocamento quando se trata de mera insuficiência de transporte público (Súmula nº 90, III, TST). Mas, havendo transporte público regular em parte do trajeto percorrido em condução da empresa, as horas *in itinere* remuneradas ficam limitadas ao trecho não alcançado pelo transporte público. (Súmula nº 90, IV, TST). E, por fim, tendo em vista que as horas *in itinere* são computadas na jornada de trabalho, o tempo que extrapola a jornada legal é considerado como extraordinário e sobre ele deve incidir o adicional correspondente (Súmula nº 90, V, TST).

A caracterização das horas *in itinere* exige, portanto, dois requisitos simultâneos: condução fornecida pelo empregador (direta ou indiretamente) e local de trabalho de difícil acesso ou não servido por transporte público regular.

O entendimento da jurisprudência foi incorporado pelo legislador no art. 58, § 2º, da CLT. A Lei nº 13.467/2017, no entanto, alterou esse dispositivo, estipulando que:

> o tempo despendido pelo empregado desde a sua residência até a efetiva ocupação do posto de trabalho e para o seu retorno, caminhando ou por qualquer meio de transporte, inclusive o fornecido pelo empregador, não será computado na jornada de trabalho, por não ser tempo à disposição do empregador.[2]

[2.] Para as microempresas e empresas de pequeno porte, o legislador permitia a estipulação sobre as horas *in itinere*, em norma coletiva, nos termos do art. 58, § 3º, da CLT: "poderão ser fixados, para as microempresas e empresas de pequeno porte, por meio de acordo ou convenção coletiva, em caso de transporte fornecido pelo empregador, em local de difícil acesso ou não servido por transporte público, o tempo médio despendido pelo empregado, bem como a forma e a natureza da remuneração". O preceito foi revogado pela Lei nº 13.467/2017.

Há controvérsia sobre a manutenção ou não do instituto das *horas in itinere*, diante do disposto no art. 4º da CLT sobre o *tempo à disposição*.³

8.3 Sobreaviso

O conceito de sobreaviso foi desenvolvido, inicialmente, para a categoria dos ferroviários, referindo-se ao tempo em que o ferroviário **permanece em sua própria residência**, aguardando o chamado para o serviço. A escala de sobreaviso é de, no máximo, 24 horas e cada hora de sobreaviso será contada à razão de 1/3 do salário normal (art. 244, § 2º, CLT).

A jurisprudência trabalhista, em especial do Tribunal Superior do Trabalho, entende que a ideia do sobreaviso é aplicável a outros empregados, quando submetidos a condições laborais semelhantes, como ocorre quando o trabalhador está sujeito a regime de plantões, independentemente de o meio utilizado para o empregador entrar em contato com o empregado.

É importante atentar à previsão legal de que os meios telemáticos e informatizados de comando, controle e supervisão são equiparados, para fins de subordinação jurídica, aos meios

---

3. É nesse sentido o Enunciado nº 16, aprovado na 2ª Jornada de Direito Material e Processual do Trabalho, indicando que: "1. A ESTRUTURA NORMATIVA MATRIZ DO ART. 4º DA CLT CONTEMPLA A LÓGICA DO TEMPO À DISPOSIÇÃO, NÃO ELIMINADA A CONDIÇÃO DE CÔMPUTO QUANDO SE VERIFICAR CONCRETAMENTE QUE O TRANSPORTE ERA CONDIÇÃO E/OU NECESSIDADE IRREFUTÁVEL, E NÃO DE ESCOLHA PRÓPRIA DO EMPREGADO, PARA POSSIBILITAR O TRABALHO NO HORÁRIO E LOCAL DESIGNADOS PELO EMPREGADOR, MANTENDO-SE O PARÂMETRO DESENVOLVIDO PELA SÚMULA 90 DO TST, CASO EM QUE FARÁ JUS O TRABALHADOR À CONTAGEM, COMO TEMPO DE TRABALHO, DO TEMPO DE DESLOCAMENTO GASTO EM TRECHO DE DIFÍCIL ACESSO OU SEM TRANSPORTE PÚBLICO POR MEIO FORNECIDO PELO EMPREGADOR, NA IDA OU RETORNO PARA O TRABALHO. INTELIGÊNCIA DO ARTIGO 3º, C, DA CONVENÇÃO Nº 155 DA OIT. 2. INAPLICABILIDADE DO § 2º DO ART. 58 DA LEI Nº 13.467/2017 AO TRABALHO EXECUTADO NA ATIVIDADE RURAL".

pessoais e diretos de comando, controle e supervisão do trabalho alheio (art. 6º, parágrafo único, CLT).

No entanto, o mero uso de instrumentos telemáticos ou informatizados fornecidos pela empresa ao empregado, por si só, não caracteriza o regime de sobreaviso (Súmula nº 428, I, TST). Com efeito, é considerado em sobreaviso o empregado que, a distância e submetido a controle do empregador por instrumentos telemáticos ou informatizados, permanecer em **regime de plantão ou equivalente**, aguardando a qualquer momento o chamado para o serviço no curso do período de descanso (Súmula nº 428, II, TST).

O sobreaviso em si não é computado na jornada de trabalho, não se tratando, portanto, de tempo à disposição. Porém, como visto, cada hora de sobreaviso deve ser remunerada à razão de 1/3 da hora normal de trabalho.

Caso o empregado, em sobreaviso, venha a ser chamado ao serviço, o tempo de trabalho será consequentemente computado na jornada laboral, inclusive para fins de eventuais horas extras.

8.4 Jornada extraordinária

É caracterizada pela extrapolação da jornada padrão de trabalho (oito horas diárias e 44 horas semanais), ou, conforme o caso, da jornada de trabalho específica para a categoria profissional ou pactuada entre empregado e empregador.

O efeito normal da jornada extraordinária, salvo nos casos em que houver regime de compensação (como veremos em seguida), é o pagamento de hora extra, que deve ser remunerada com um adicional de, no mínimo, 50% do valor da hora normal de trabalho (art. 7º, XVI, da Constituição). Além disso, pagas de forma habitual, as horas extras integram o salário e repercutem no cálculo de outras verbas (como 13° salário, férias + 1/3, aviso prévio e FGTS + 40%).

8.5 Supressão de horas extras habituais

Em atenção ao princípio da estabilidade econômica, a jurisprudência firmou o entendimento quanto ao direito a uma indenização devida nos casos de supressão de horas extras habituais.

Assim, na hipótese de supressão total ou parcial, pelo empregador, de serviço extraordinário prestado com habitualidade, durante pelo menos um ano, é assegurado ao empregado o direito à indenização correspondente ao valor de um mês das horas suprimidas, total ou parcialmente, para cada ano ou fração igual ou superior a seis meses de prestação de serviço em sobrejornada. O cálculo considera a média das horas suplementares nos 12 meses anteriores à mudança (isto é, supressão), multiplicada pelo valor da hora extra do dia da supressão (Súmula n° 291, TST).

8.6 Banco de horas e acordo de compensação

Há hipóteses em que o excesso de horas trabalhado em um período pode ser compensado mediante folgas. É o regime de compensação de jornada ou de horários, pelo qual a duração diária do trabalho poderá ser acrescida de, no máximo, duas horas extras, mediante acordo individual, convenção coletiva ou acordo coletivo de trabalho (art. 59, CLT).

Temos duas possibilidades.

8.6.1 Acordo de compensação de jornada

É o ajuste, firmado (expressa ou tacitamente) entre empregado e empregador, para a compensação de jornada no mesmo mês (art. 59, § 6°, CLT). A efetiva compensação de jornada afasta o direito ao recebimento das horas extras (no limite da compensação). É válido, além disso, o acordo individual para compensação de horas, exceto se houver norma coletiva em sentido contrário (Súmula n° 85, II, TST).

O não atendimento das exigências legais para compensação de jornada, inclusive quando estabelecida mediante acordo tácito, não acarreta a repetição do pagamento das horas excedentes à jornada normal (diária) desde que não seja ultrapassada a duração máxima semanal, sendo devido apenas o respectivo adicional (art. 59-B, CLT). A realização de horas extras habituais não descaracteriza o acordo de compensação de jornada e o banco de horas (art. 59-B, parágrafo único, CLT).[4]

8.6.2 Banco de horas

É o ajuste, decorrente de acordo ou convenção coletiva de trabalho, por meio do qual o excesso de horas em um dia é compensado pela correspondente diminuição em outro dia, de modo a não exceder, no período máximo de um ano, à soma das jornadas semanais de trabalho previstas, sem que seja ultrapassado o limite máximo de dez horas diárias (art. 59, § 2°, CLT). Ou seja, aqui a compensação das horas suplementares deve ocorrer

---

[4] O parágrafo único do art. 59-B da CLT é resultado da Lei n° 13.467/2017 e investe contra a jurisprudência já então consolidada da Justiça do Trabalho, firmada no item IV da Súmula n° 859 do TST: "IV. A prestação de horas extras habituais descaracteriza o acordo de compensação de jornada. Nesta hipótese, as horas que ultrapassarem a jornada semanal normal deverão ser pagas como horas extraordinárias e, quanto àquelas destinadas à compensação, deverá ser pago a mais apenas o adicional por trabalho extraordinário. (ex-OJ n° 220 da SBDI-1I- inserida em 20.06.2001)".

no período máximo de um ano. Para o banco de horas, é exigida previsão em norma coletiva. Contudo, admite-se o acordo individual escrito, desde que a compensação de jornada se dê no período máximo de seis meses (art. 59, § 5º, CLT).

Em ambos os casos – acordo de compensação ou banco de horas –, não havendo a compensação até o término do prazo previsto, ou, ainda, sobrevindo a rescisão contratual sem a compensação integral da jornada extraordinária, o empregado tem direito ao recebimento das horas extras não compensadas, calculadas sobre o valor da remuneração na data da extinção contratual (art. 59, § 3º, CLT).

Para o trabalho em atividades insalubres, as prorrogações de horário só podem ser ajustadas mediante licença prévia das autoridades competentes em matéria de higiene do trabalho, as quais, para essa finalidade, procederão aos necessários exames locais e à verificação dos métodos e processos de trabalho, diretamente ou por intermédio de autoridades sanitárias federais, estaduais e municipais, com quem entrarão em entendimento para tal fim (art. 60, CLT). Fica excetuada dessa regra quanto à exigência de licença prévia a jornada em regime de 12 horas de trabalho por 36 horas ininterruptas de descanso (art. 60, parágrafo único, CLT).

O art. 611-A da CLT estipula a prevalência da norma coletiva sobre a lei quando tratar de "enquadramento do grau de insalubridade e prorrogação de jornada em ambientes insalubres, dispensada a licença prévia das autoridades competentes" (incisos XII e XIII).

O texto é de constitucionalidade duvidosa, porque a norma coletiva não pode reduzir direito relativo à saúde e segurança no trabalho (isto é, o direito à licença prévia das autoridades competentes em matéria de fiscalização laboral para fins de prorrogação da jornada), cuja proteção tem natureza constitucional (art. 7°, XXII).

8.7 Regime 12x36

Uma modalidade de compensação de horas é o regime de 12x36, isto é, 12 horas de trabalho por 36 horas ininterruptas de descanso. Até a Lei n° 13.467/2017, não havia previsão legal autorizando o regime, que é bastante utilizado em serviços de saúde, vigilância e portaria, entre outros. Como exceção à regra que permitia no máximo duas horas suplementares por dia, exigia-se, segundo a jurisprudência trabalhista, previsão em norma coletiva.[5]

A legislação atual (pós-Lei n° 13.467/2017) estabelece que, excepcionando-se a regra do art. 59 da CLT (visto acima), faculta-se às partes, por acordo individual escrito, convenção coletiva ou acordo coletivo de trabalho, estabelecer horário de trabalho de 12 horas seguidas por 36 horas ininterruptas de descanso, observados ou indenizados os intervalos para repouso e alimentação (art. 59-A, CLT). A remuneração mensal ajustada por esse regime abrange os pagamentos devidos pelo descanso semanal remunerado e pelo descanso em feriados, e consideram-se compensados os feriados e as prorrogações de trabalho noturno, quando houver (art. 59-A, parágrafo único, CLT).[6]

[5.] A Súmula n° 444 do TST enuncia: "é válida, em caráter excepcional, a jornada de doze horas de trabalho por trinta e seis de descanso, prevista em lei ou ajustada exclusivamente mediante acordo coletivo de trabalho ou convenção coletiva de trabalho, assegurada a remuneração em dobro dos feriados trabalhados. O empregado não tem direito ao pagamento de adicional referente ao labor prestado na décima primeira e décima segunda horas".

[6.] Aqui também a Lei n° 13.467/2017 investiu contra dois entendimentos da jurisprudência. O primeiro deles é o de que "o empregado submetido à jornada de 12 horas de trabalho por 36 de descanso, que compreenda a totalidade do período noturno, tem direito ao adicional noturno, relativo às horas trabalhadas após as 5 horas da manhã" (OJ n° 388, SBDI-1/TST). O segundo é o de que: "o trabalho em

8.8 Regime de tempo parcial

É assim considerado aquele que não excede a 30 horas semanais, sem possibilidade de sobrejornada, ou não excedente a 26 horas semanais, com possibilidade de, no máximo, seis horas extras semanais (art. 58-A, CLT). É pago o salário proporcional à jornada contratada, relativamente aos empregados efetivos que cumpram, na mesma função, tempo integral (§ 1º).

Para empregados com contrato em curso em 11/11/2017, isto é, quando da entrada em vigor da Lei nº 13.467 (que alterou o art. 58-A da CLT), a utilização do regime de tempo parcial exige opção manifestada perante a empresa, nos termos previstos em instrumento resultante de negociação coletiva (§ 2º).

As horas suplementares à duração do trabalho semanal normal devem ser pagas com o acréscimo de 50% sobre o salário-hora normal (§ 3º). Em caso de contrato de trabalho em regime de tempo parcial estabelecido em número inferior a 26 horas semanais, as horas suplementares a esse quantitativo serão consideradas horas extras, estando também limitadas a seis horas suplementares semanais (§ 4º). As horas suplementares da jornada de trabalho normal poderão ser compensadas diretamente até a semana imediatamente seguinte à da sua execução, devendo ser realizada sua quitação na folha de pagamento do mês subsequente, se não forem compensadas (§ 5º).

O empregado contratado sob regime de tempo parcial tem a faculdade de converter um terço do período de férias a que tenha direito em abono pecuniário (§ 6º). As férias do

---

regime de turnos ininterruptos de revezamento não retira o direito à hora noturna reduzida, não havendo incompatibilidade entre as disposições contidas nos arts. 73, § 1º, da CLT e 7º, XIV, da Constituição Federal" (OJ nº 395, SBDI-1/TST).

regime de tempo parcial são regidas pelas mesmas regras dos demais empregados, previstas no art. 130 da CLT (§ 7º).

8.9 Jornada noturna

Para classificar como noturno, o legislador optou por assim considerar o trabalho prestado entre as 22 horas de um dia e as cinco horas do dia subsequente (art. 73, § 2º, CLT). Para algumas categorias específicas, são adotados parâmetros diferentes. É o que acontece para os trabalhadores rurais, considerando-se noturno, na lavoura, o labor prestado entre 21 horas de um dia e cinco horas do dia seguinte, e, na pecuária, o realizado entre 20 horas de um dia e quatro horas do dia subsequente (art. 7º, Lei nº 5.889/1973).[7]

O trabalho noturno é proibido a menores de 18 anos (art. 7º, XXXIII, CF). E, diante de sua prejudicialidade, o legislador estabeleceu dois direitos principais ao empregado submetido a esse regime:

- a contagem fictícia da hora noturna, uma vez que essa será computada como de 52 minutos e 30 segundos (art. 73, § 1º, CLT),[8] previsão essa que permanece válida sob a Constituição de 1988 (OJ nº 127, SBDI-1/TST);
- remuneração superior à do trabalho diurno (art. 7º, IX, CF), efetivada por um acréscimo de, no mínimo, 20% sobre a hora diurna (art. 73, CLT). É o denominado *adicional notur-*

---

[7]. Para os portuários, é noturno o trabalho prestado entre 19 horas de um dia e sete horas do dia seguinte (art. 4º, § 1º, Lei nº 4.860/1965); já para os advogados, o labor noturno é o executado entre 20 horas de um dia e cinco horas do dia seguinte (art. 20, § 3º, Lei nº 8.906/1994).

[8]. Essa redução da hora noturna trabalhada não é aplicável aos rurais, porque não há previsão correspondente na Lei nº 5.889/1973. Tampouco é aplicável aos portuários, porque sua lei específica dispõe que a hora de trabalho é de 60 minutos (art. 4º, § 1º, Lei nº 4.860/1965).

no,⁹ que, pago com habitualidade, integra o salário para todos os efeitos (Súmula nº 60, I, TST).

Nos horários mistos, isto é, aqueles que abrangem períodos diurnos e noturnos, aplicam-se, quanto às horas noturnas, as regras pertinentes (art. 73, § 4º, CLT), e essas regras também incidem nas prorrogações do trabalho noturno (§ 5º). Como esclarece a jurisprudência, uma vez cumprida integralmente a jornada no período noturno e sendo esta prorrogada, é devido também o adicional quanto às horas prorrogadas (Súmula nº 60, II, TST), ainda que realizadas após as cinco horas.

Esse entendimento também se aplica quanto às jornadas mistas em que o término normal do labor ocorre após as cinco horas – ou seja, ainda que não se trate propriamente de *prorrogação* de jornada. O Tribunal Superior do Trabalho "já se posicionou no sentido de que incide também a referida Súmula nos casos de jornada mista, tendo em vista o desgaste físico a que se submete o trabalhador em prorrogação de jornada, a justificar o adicional noturno para as horas laboradas além das cinco horas da manhã".¹⁰

No regime de 12x36 (12 horas de trabalho por 36 horas ininterruptas de descanso), o legislador, a partir da Lei nº 13.467/2017, estabeleceu que, no salário mensal, já está abrangido o pagamento devido pelas prorrogações de trabalho noturno (art. 59-A, parágrafo único, CLT).¹¹

---

9. Para os trabalhadores rurais, todo trabalho noturno deve ser remunerado com adicional de 25% sobre a hora normal (art. 7º, parágrafo único, Lei nº 5.889/1973).
10. TST-Ag-AIRR-879-96.2014.5.09.0662, 3ª Turma, Relator Ministro Alexandre de Souza Agra Belmonte, *DeJT* 09/05/2019.
11. A opção do legislador contraria a jurisprudência do TST, que já apontava que: "o empregado submetido à jornada de 12 horas de trabalho por 36 de descanso, que compreenda a totalidade do período noturno, tem direito ao adicional noturno, relativo às horas trabalhadas após as 5 horas da manhã" (OJ nº 388, SBDI-1/TST). O texto legal atualmente em vigor (art. 59-A, parágrafo único, CLT) acarreta, em termos práticos, que um trabalhador que se ative das 19h às 7h, em regime de 12x36,

8.10 Turnos ininterruptos de revezamento

Tendo em vista sua prejudicialidade, o labor em regime de turnos ininterruptos de revezamento confere ao empregado o direito à jornada de seis horas, salvo negociação coletiva (art. 7º, XIV, CF). Esse regime é caracterizado pelo sistema de trabalho em que o empregado labora preponderantemente nas fases diurna e noturna, com alternância semanal, quinzenal, mensal ou superior.[12]

Não é necessário que o empregado se ative nos três turnos. Com efeito, tem jus à jornada especial o trabalhador que realiza suas atividades em sistema de alternância de turnos, ainda que em dois turnos de trabalho, que compreendam, no todo ou em parte, o horário diurno e o noturno, uma vez que, dessa forma, está submetido à alternância de horário prejudicial à saúde, sendo irrelevante que a atividade da empresa se desenvolva de forma ininterrupta (OJ nº 360, SBDI-1/TST). O ferroviário sujeito a escalas variadas, com alternância de turnos, também tem direito à jornada especial de seis horas (OJ nº 274, SBDI-1/TST).

A concessão de intervalo para repouso e alimentação, dentro de cada turno, ou do intervalo para repouso semanal, não desconfigura o regime de turno de revezamento previsto na Constituição (Súmula nº 360, TST).

---

receberá, de forma discriminada, o adicional noturno tão somente quanto as horas laboradas das 22h às 5h, porque o valor de adicional noturno que seria devido das 5h às 7h é considerado já contemplado no salário mensal. O que o legislador fez foi instituir modalidade de salário complessivo, o que é, no mínimo, constitucionalmente questionável, à luz do art. 7º, IX, da Constituição, que prevê o direito à remuneração do trabalho noturno superior à do diurno.

[12]. Em outras palavras, "a situação enfocada pela Constituição configura-se caso o trabalhador labore ora essencialmente pela manhã, ora essencialmente pela tarde, ora essencialmente pela noite – por ser flagrante a agressão que semelhante sistemática de organização laboral impõe ao organismo do trabalhador. É a essa sistemática de trabalho que a Constituição pretendeu atingir, reduzindo o desgaste do trabalhador, ao proporcionar-lhe jornada mais estreita de trabalho" (DELGADO, 2019, p. 1082).

Além disso, o labor nesse regime não retira o direito à redução da hora noturna, porque não há incompatibilidade entre o art. 73, § 1°, da CLT e o art. 7°, XIV, da Constituição (OJ n° 395, SBDI-1/TST).

Para o cálculo do salário-hora do empregado horista, sujeito ao regime de turnos ininterruptos de revezamento, deve ser aplicado o divisor 180 (OJ n° 396, SBDI-1/TST). E, não havendo norma coletiva fixando jornada diferente, o horista submetido a turno ininterrupto de revezamento tem direito ao pagamento das horas extras excedentes à sexta diária, com o respectivo adicional (OJ n° 275, SBDI-1/TST).

A Constituição ressalva, à jornada de seis horas, eventual previsão em instrumento coletivo. Por conseguinte, uma vez estipulada jornada superior a seis horas, observado o limite de oito horas, os empregados sujeitos ao regime de turnos ininterruptos de revezamento não têm direito ao pagamento da sétima e da oitava horas como extras (Súmula n° 423, TST). A pactuação coletiva, porém, não pode produzir efeitos retroativos. Assim, é inválida a norma coletiva que, regularizando situações passadas, estipula jornada de oito horas para o trabalho em turnos ininterruptos de revezamento (OJ n° 420, SBDI-1/TST).[13]

---

13. Uma situação particular em que o TST também reputou inválida a negociação coletiva com efeitos retroativos envolvia trabalhadores da Petrobras que recebiam, por liberalidade da empresa, o pagamento em dobro dos domingos e feriados laborados no curso do regime de turnos ininterruptos de revezamento. Confira-se o entendimento da Corte: "o pagamento em dobro, concedido por liberalidade da empresa, dos domingos e feriados trabalhados de forma habitual pelo empregado da Petrobras submetido ao regime de turnos ininterruptos de revezamento não pode ser suprimido unilateralmente, pois é vantagem incorporada ao contrato de trabalho, nos termos do art. 468 da CLT. Assim, o acordo coletivo, posteriormente firmado, somente opera efeitos a partir da data de sua entrada em vigor, sendo incabível a utilização da norma coletiva para regular situação pretérita" (OJT n° 72, SBDI-1 Transitória/TST). Ainda sobre os petroleiros, é importante ter em conta a Súmula n° 391/TST: "I – A Lei n° 5.811/1972 foi recepcionada pela CF/1988 no que se refere à duração da jornada de trabalho em regime de revezamento dos petroleiros. (ex-OJ n° 240 da SBDI-1I- inserida em 20.06.2001) II – A previsão contida no art. 10 da Lei n° 5.811/1972, possibilitando a mudança do regime de revezamento para horário fixo, constitui alteração lícita, não violando os arts. 468 da CLT e 7°, VI, da CF/1988".

8.11 Teletrabalho

É assim considerada a modalidade de trabalho em que a prestação de serviços é realizada preponderantemente fora das dependências do empregador, por meio do uso de tecnologias de informação e de comunicação que, em decorrência de sua natureza, não caracterizam trabalho externo (art. 75-B, CLT). O fato de o empregado comparecer às dependências do empregador para a consecução de atividades específicas que exijam sua presença no estabelecimento não desconfigura o regime de teletrabalho (parágrafo único).

A execução dos serviços em regime de teletrabalho deve ser anotada expressamente no contrato individual de trabalho, que conterá a especificação das atividades que serão realizadas pelo empregado (art. 75-C, CLT). Desde que haja mútuo acordo entre as partes contratantes, registrado em aditivo contatual, pode-se realizar a alteração entre regime presencial e de teletrabalho (§ 1º). Mas a modificação do regime de teletrabalho para o presencial poderá ser efetivada por determinação do empregador, garantindo-se um prazo mínimo de transição de 15 dias, com o respectivo registro em aditivo contratual (§ 2º).

O contrato escrito deverá conter as disposições pertinentes à responsabilidade pela aquisição, manutenção ou fornecimento dos equipamentos tecnológicos e da infraestrutura necessária e adequada à realização do trabalho remoto, assim como ao reembolso de despesas suportadas pelo empregado (art. 75-D, CLT).[14] As utilidades mencionadas pelo legislador (como os equipamentos tecnológicos) não compõem a remuneração do empregado (parágrafo único), ou seja, não detêm natureza contraprestativa.

---

[14] Essa previsão legal deve ser interpretada, sistematicamente, com o art. 2º da CLT, no sentido de que os riscos da atividade econômica, incluindo as despesas para sua exploração, são do empregador.

É obrigação do empregador instruir os empregados, de modo expresso e ostensivo, com relação às precauções que devem ser tomadas com o objetivo de evitar doenças e acidentes laborais (art. 75-E, CLT). Por sua vez, o empregado assinará termo de responsabilidade pelo qual se compromete a seguir as instruções dadas pelo empregador (parágrafo único).[15]

8.12 Controle da jornada de trabalho

Uma vez que o empregador detém os meios materiais de produção e os organiza para a exploração da atividade econômica, ele também detém, em regra, condições de controle da jornada de trabalho dos empregados. O horário de labor deverá ser anotado no registro de empregados (art. 74, CLT).[16] Para os estabelecimentos que disponham de mais de 20 trabalhadores, é obrigatória a anotação da hora de entrada e de saída, em registro manual, mecânico ou eletrônico, de acordo com as instruções expedidas pela Secretaria Especial de Previdência e

---

15. O mero fornecimento de instruções pelo empregador e a assinatura do termo de responsabilidade pelo empregado não são suficientes *per se* para afastar eventual responsabilidade daquele por doenças ou acidentes laborais sofridos pelo trabalhador. Isso porque cabe às empresas não apenas cumprir, mas também *fazer cumprir* (isto é, fiscalizar para que sejam cumpridas) as normas de segurança e medicina do trabalho (art. 157, I, CLT).
16. O Decreto nº 10.854/2021 prevê, quanto ao tema do registro, no art. 31, § 2º, que: "os equipamentos e os sistemas de registro eletrônico de jornada, sem prejuízo do disposto no *caput*, registrarão fielmente as marcações efetuadas e atenderão aos seguintes critérios:
I – não permitir:
a) alteração ou eliminação dos dados registrados pelo empregado;
b) restrições de horário às marcações de ponto; e
c) marcações automáticas de ponto, tais como horário predeterminado ou horário contratual;
II – não exigir autorização prévia para marcação de sobrejornada; e
III – permitir:
a) pré-assinalação do período de repouso; e
b) assinalação de ponto por exceção à jornada regular de trabalho".

Trabalho do Ministério do Trabalho, sendo permitida a pré-assinalação do período de repouso (§ 2º).[17]

Caso o trabalho seja executado fora do estabelecimento, o horário dos empregados constará do registro manual, mecânico ou eletrônico em seu poder, sem prejuízo de o horário de trabalho ser anotado no registro de empregados (§ 3º).

É permitido o uso de registro de ponto por exceção à jornada regular de trabalho, mediante acordo individual escrito, convenção coletiva ou acordo coletivo de trabalho (§ 4º). Nessa modalidade de registro, são anotadas apenas as circunstâncias extraordinárias à jornada regular, como atrasos ou prorrogações de horário.

A lei, indiretamente, dispensa o empregador do controle da jornada quanto a três grupos de trabalhadores. Trata-se de empregados que estão excluídos do regime previsto no capítulo (II) da CLT sobre duração do trabalho (art. 62, CLT). São eles:

- **Empregados que exercem atividade externa incompatível com a fixação de horário de trabalho**: são trabalhadores cuja rotina laboral efetivamente inviabiliza o controle da jornada de trabalho. Essa condição deve ser anotada na carteira de trabalho e no registro de empregados (art. 62, I, CLT). Tendo em vista, porém, a tecnologia atualmente disponível, tanto no acompanhamento dos serviços do empregado, quanto na comunicação entre empregado e empresa empregadora, são raríssimos os casos de trabalhadores classificados nessa previsão legal.

[17.] Em caso de trabalho doméstico, o controle é sempre obrigatório, nos termos do art. 12 da Lei Complementar nº 150/2015: "é obrigatório o registro do horário de trabalho do empregado doméstico por qualquer meio manual, mecânico ou eletrônico, desde que idôneo".

- **Empregados que exercem cargos de gestão, incluindo os gerentes, diretores, chefes de departamento e filial:** cuida-se dos trabalhadores que ocupam uma posição hierárquica mais elevada na estrutura empresarial e, em razão disso, não estão submetidos a controle de horário. Além do efetivo exercício de função gestora, é indispensável que o empregado perceba acréscimo salarial (compreendida a gratificação de função, se houver) igual ou superior a 40% do salário do cargo efetivo (art. 62, parágrafo único, CLT). Não havendo esse acréscimo salarial, tem-se a sujeição do empregado respectivo ao regime normal de duração do trabalho, inclusive quanto à necessidade de controle de horário.

- **Empregados em regime de teletrabalho:** como visto, trata-se de modalidade laboral em que a prestação dos serviços é realizada, de forma preponderante, fora das dependências do empregador, mediante a utilização de tecnologias de informação e de comunicação que, em razão de sua natureza, não configuram trabalho externo (art. 75-B, CLT). O pressuposto do legislador é o de que nessa forma de labor é inviável o controle de horário. Cuida-se, no entanto, de uma presunção relativa, que admite prova em contrário. Por conseguinte, sendo possível o controle, o empregado respectivo estará submetido ao regime normal de trabalho, inclusive com relação à necessidade do controle (DELGADO; DELGADO, 2017).

8.13 Intervalos

A concessão de intervalos no curso da jornada de trabalho é uma medida de saúde laboral. É indispensável para a preservação da saúde dos empregados e, por consequência, para a continuidade da atividade explorada pelo empregador.

Os intervalos podem ser previstos em lei ou concedidos espontaneamente pelo empregador na jornada de trabalho. Os intervalos concedidos de forma espontânea constituem tempo à disposição da empresa e são remunerados como serviço extraordinário, caso acrescidos ao final da jornada (Súmula n° 118, TST).

Vamos analisar as principais modalidades de intervalos.

8.13.1 Intervalo intrajornada

É concedido no interior da jornada (diária) de trabalho. Sua modalidade mais comum é o intervalo para repouso e alimentação, previsto no art. 71 da CLT e popularmente conhecimento como "horário de almoço".

Para qualquer labor contínuo, cuja duração seja superior a seis horas, é obrigatória a concessão de um intervalo para repouso ou alimentação de, no mínimo, uma hora e, ressalvado acordo escrito ou contrato coletivo em contrário, não poderá superar a duas horas (art. 71, CLT). Porém, caso o trabalho não exceda de seis horas, será obrigatório um intervalo de 15 minutos quando a duração laboral ultrapassar quatro horas (§ 1°).

Os intervalos de descanso não são computados na duração do trabalho (§ 2°). Daí o entendimento de que não é computado, na jornada do bancário submetido a seis horas diárias de labor, o intervalo de 15 minutos para lanche ou descanso (OJ n° 178, SBDI-1/TST).

A autoridade competente em matéria de fiscalização do trabalho pode reduzir o limite mínimo de uma hora para repouso ou refeição caso verifique que o estabelecimento observa integralmente as exigências relativas à organização dos refeitórios, e quando os respectivos empregados não estiverem sob regime de trabalho prorrogado a horas suplementares (§ 3°).

Na hipótese de não concessão ou de concessão parcial do intervalo intrajornada mínimo, para repouso e alimentação, seja para empregados urbanos seja para rurais, a consequência é o pagamento, com natureza indenizatória, apenas do período suprimido, com um acréscimo de 50% sobre o valor da remuneração da hora normal de trabalho (§ 4°). Assim, se o empregado usufruiu de apenas 40 minutos, quando deveria ter usufruído de uma hora, receberá o valor equivalente a 20 minutos de trabalho, acrescidos de 50%, mas sem natureza salarial.[18]

Considerando-se a natureza do serviço e em virtude das condições especiais de labor a que são submetidos estritamente motoristas, cobradores, fiscalização de campo e afins nos serviços de operação de veículos rodoviários, empregados no setor de transporte coletivo de passageiros, o intervalo intrajornada mínimo de uma hora e máximo de duas horas poderá,

---

[18]. O texto atual do art. 71, § 4°, da CLT é resultado da Lei n° 13.467/2017. A redação anterior do dispositivo era a seguinte: "quando o intervalo para repouso e alimentação, previsto neste artigo, não for concedido pelo empregador, este ficará obrigado a remunerar o período correspondente com um acréscimo de no mínimo 50% (cinquenta por cento) sobre o valor da remuneração da hora normal de trabalho". Antes da alteração legislativa, firmou-se o entendimento de que, se o empregado não usufruísse do intervalo intrajornada ou usufruísse tempo inferior ao previsto em lei, tinha direito ao recebimento de horas extras correspondentes à integralidade do intervalo frustrado. Esse posicionamento é correto porque a fruição a menor do intervalo frustra a sua finalidade. Além disso, é papel do empregador cuidar para que o empregado de fato usufrua integralmente do intervalo mínimo para repouso e alimentação. Por isso a jurisprudência do TST firmou o entendimento de que: "I – após a edição da Lei n° 8.923/94, a não concessão ou a concessão parcial do intervalo intrajornada mínimo, para repouso e alimentação, a empregados urbanos e rurais, implica o pagamento total do período correspondente, e não apenas daquele suprimido, com acréscimo de, no mínimo, 50% sobre o valor da remuneração da hora normal de trabalho (art. 71 da CLT), sem prejuízo do cômputo da efetiva jornada de labor para efeito de remuneração"; (...) "III – possui natureza salarial a parcela prevista no art. 71, § 4°, da CLT, com redação introduzida pela Lei n° 8.923, de 27 de julho de 1994, quando não concedido ou reduzido pelo empregador o intervalo mínimo intrajornada para repouso e alimentação, repercutindo, assim, no cálculo de outras parcelas salariais"; e (...) "IV – ultrapassada habitualmente a jornada de seis horas de trabalho, é devido o gozo do intervalo intrajornada mínimo de uma hora, obrigando o empregador a remunerar o período para descanso e alimentação não usufruído como extra, acrescido do respectivo adicional, na forma prevista no art. 71, *caput* e § 4° da CLT" (Súmula n° 437, I, III e IV). Essa compreensão fica, porém, superada pela atual redação do art. 71, § 4°, da CLT, dada pela Lei n° 13.467/2017.

ainda, ser reduzido e/ou fracionado, e o intervalo de 15 minutos poderá ser fracionado, quando usufruídos entre o término da primeira hora laborada e o início da última hora trabalhada, desde que haja previsão nesse sentido em convenção ou acordo coletivo de trabalho, mantida a remuneração e concedidos intervalos para descanso menores ao final de cada viagem (§ 5°).

O art. 611-A, III, da CLT estipula a prevalência do negociado sobre a lei quando tratar de "intervalo intrajornada, respeitado o limite mínimo de trinta minutos para jornadas superiores a seis horas". E o parágrafo único do art. 611-B da CLT prevê que: "regras sobre duração do trabalho e intervalos não são consideradas como normas de saúde, higiene e segurança do trabalho para os fins do disposto neste artigo".

Os dois preceitos – que, em conjunto, autorizariam, **em tese**, a redução do intervalo intrajornada para 30 minutos, por negociação coletiva – são de constitucionalidade bastante questionável. Isso porque é direito fundamental dos trabalhadores a "redução dos riscos inerentes ao trabalho, por meio de normas de saúde, higiene e segurança" (art. 7°, XXII, CF). A possibilidade de o legislador ordinário afastar o conjunto de normas de saúde, higiene e segurança – sobretudo em se tratando de medidas que são indubitavelmente de saúde, higiene e segurança do trabalho, como é o caso do intervalo intrajornada – contraria diretamente o texto constitucional, reduzindo, de forma injustificada, sua força normativa.[19]

---

[19]. Recorde-se o entendimento do TST a respeito: "é inválida cláusula de acordo ou convenção coletiva de trabalho contemplando a supressão ou redução do intervalo intrajornada porque este constitui medida de higiene, saúde e segurança do trabalho, garantido por norma de ordem pública (art. 71 da CLT e art. 7°, XXII, da CF/1988), infenso à negociação coletiva" (Súmula n° 437, II). É no mesmo sentido o Enunciado n° 34, aprovado na 2ª Jornada de Direito Material e Processual do Trabalho: "INTERVALO INTRAJORNADA COMO NORMA DE SEGURANÇA E SAÚDE PÚBLICA. I – REGRAS SOBRE O INTERVALO INTRAJORNADA SÃO CONSIDERADAS COMO NORMAS DE SAÚDE, HIGIENE E SEGURANÇA DO TRABALHO E, POR CONSEQUÊNCIA, DE

Há também **intervalos intrajornadas especiais**. Nos serviços permanentes de mecanografia (datilografia, escrituração ou cálculo), é obrigatória a concessão de um repouso de 10 minutos a cada 90 minutos de trabalho consecutivo, sem dedução do intervalo da duração normal do trabalho (art. 72, CLT). Esse intervalo é devido também aos digitadores, que, de acordo com a Súmula nº 346 do TST, se equiparam aos trabalhadores nos serviços de mecanografia (datilografia, escrituração ou cálculo).

De acordo com o TST, o intervalo do digitador não é aplicável ao caixa bancário, "uma vez que o movimento de digitação de dados por ele executado não é desempenhado de forma contínua e ininterrupta, mas alternada com outras funções".[20]

Outro exemplo de intervalo especial é o destinado à recuperação térmica. Para os empregados que laboram no interior das câmaras frigoríficas e para os que movimentam mercadorias do ambiente quente ou normal para o frio e vice-versa, depois de uma hora e quarenta minutos de trabalho contínuo, é garantido um período de 20 (vinte) minutos de repouso, computado esse intervalo como de trabalho efetivo (art. 253 da CLT). De acordo com a jurisprudência, o empregado sujeito a labor contínuo em ambiente artificialmente frio, ainda que não preste serviços em câmara frigorífica, também tem direito a esse intervalo (Súmula nº 438, TST).

O art. 384 da CLT também previa o direito a um importante intervalo intrajornada especial. O preceito assegurava à empregada mulher, na hipótese de prorrogação do horário nor-

---

ORDEM PÚBLICA, APESAR DO QUE DISPÕE O ART. 611-B, PARÁGRAFO ÚNICO DA CLT (NA REDAÇÃO DA LEI Nº 13.467/2017). II – O ESTABELECIMENTO DE INTERVALOS INTRAJORNADAS EM PATAMARES INFERIORES A UMA HORA PARA JORNADAS DE TRABALHO SUPERIORES A SEIS HORAS DIÁRIAS É INCOMPATÍVEL COM OS ARTIGOS 6º, 7º, INCISO XXII, E 196 DA CONSTITUIÇÃO".

20. TST-Ag-RR-145000-44.2009.5.03.0022, 1ª Turma, Relator Ministro Luiz José Dezena da Silva, *DeJT* 25/11/2019.

mal, a concessão obrigatória de um descanso de 15 minutos no mínimo, antes do início do período extraordinário do trabalho. Não obstante a jurisprudência pacífica do TST apontasse, com razão, a recepção daquele dispositivo pela Constituição de 1988, ele foi revogado pela Lei n° 13.467/2017.[21]

8.13.2 Intervalo interjornada

É concedido, em regra, entre duas jornadas de trabalho, tendo duração mínima de 11 horas consecutivas (art. 66, CLT). Pensemos, por exemplo, um caso de determinado empregado que encerrou seu expediente, num certo dia, às 20 horas. No dia seguinte, ele poderá começar sua jornada de trabalho tão somente a partir das 7 horas, sob pena de desrespeito ao intervalo mínimo interjornada.

A inobservância do intervalo mínimo interjornada produz, por analogia, os mesmos efeitos previstos no § 4° do art. 71 da CLT, devendo-se pagar as horas subtraídas do intervalo, com o respectivo adicional (OJ n° 355, SBDI-1/TST).[22]

8.14 Descanso semanal remunerado e feriados

O descanso semanal remunerado é uma modalidade de intervalo interjornada. Contudo, esse intervalo separa duas semanas de trabalho. O descanso semanal remunerado (DSR) ou

---

[21.] Como já assentado, "a atual jurisprudência do TST estabelece que o art. 384 da CLT foi recepcionado pela Constituição Federal de 1988. Não se trata aqui de discutir a igualdade de direitos e obrigações entre homens e mulheres, mas sim de resguardar a saúde da trabalhadora, diante das condições específicas impostas pela própria natureza" (ARR-10507-44.2014.5.01.0012, 6ª Turma, Relatora Ministra Kátia Magalhães Arruda, DeJT 24/04/2020).

[22.] É importante destacar que a OJ n° 355 da SBDI-1/TST tem em referência a redação anterior do art. 71, § 4°, da CLT (isto é, antes da Lei n° 13.467/2017 – "reforma trabalhista").

repouso semanal remunerado (RSR) corresponde ao intervalo de 24 horas consecutivas de repouso, garantidas ao empregado, sem prejuízo do salário, e a serem usufruídas preferencialmente aos domingos, consoante previsão constitucional (art. 7º, XV).

O legislador ordinário estabelece que todo empregado tem direito ao repouso semanal remunerado de 24 horas consecutivas, preferentemente aos domingos e, de acordo com os limites das exigências técnicas das empresas, nos feriados civis e religiosos, segundo a tradição local (art. 1º, Lei nº 605/1949). Ou seja, os feriados também são considerados dias de descanso remunerado, previstos na legislação, seja por motivos cívicos ou religiosos.

A remuneração do repouso semanal corresponderá:

> a) para os que trabalham por dia, semana, quinzena ou mês, à de um dia de serviço, computadas as horas extraordinárias habitualmente prestadas;
>
> b) para os que trabalham por hora, à sua jornada normal de trabalho, computadas as horas extraordinárias habitualmente prestadas;
>
> c) para os que trabalham por tarefa ou peça, o equivalente ao salário correspondente às tarefas ou peças feitas durante a semana, no horário normal de trabalho, dividido pelos dias de serviço efetivamente prestados ao empregador;
>
> d) para o empregado em domicílio, o equivalente ao quociente da divisão por 6 (seis) da importância total da sua produção na semana (art. 7º, Lei nº 605/1949).

Para os empregados cujos salários não têm dedução em razão de feriados civis ou religiosos, eles são considerados já remunerados nesses mesmos dias de repouso, ainda que tenham direito à remuneração dominical. Além disso, são considerados já remunerados os dias de descanso semanal dos empregados mensalistas ou quinzenalistas cujo cálculo do salário mensal ou quinzenal, ou cujos descontos por falta, sejam realizados na base do número de dias do mês ou de 30 e 15 diárias, respectivamente (art. 7°, §§ 1° e 2°, Lei n° 605/1949).

O intervalo interjornada mínimo de 11 horas deve ser somado ao descanso semanal remunerado de 24 horas. Assim, entre duas semanas de trabalho, tem o empregado direito a um intervalo de 35 horas. Daí o entendimento de que, em regime de revezamento, as horas laboradas em seguida ao repouso semanal de 24 horas, com prejuízo do intervalo mínimo de 11 horas consecutivas para descanso entre jornadas, devem ser remuneradas como extras, inclusive com o respectivo adicional (Súmula n° 110, TST).

Caso o empregado não tenha trabalhado integralmente na semana anterior, tendo falta injustificada, perderá o direito à remuneração do descaso semanal (art. 6°, Lei n° 605/1949).

Salvo nos casos em que a execução do serviço seja imposta por exigências técnicas das empresas, é proibido o trabalho em feriados, civis ou religiosos, garantida, porém, aos empregados a remuneração respectiva (art. 8°, Lei n° 605/1949). Para as atividades em que não seja possível, em razão das exigências técnicas da empresa, a suspensão do labor, nos dias de feriados, civis ou religiosos, a remuneração será paga em dobro, exceto se o empregador determinar outro dia de folga (art. 9°, Lei n° 605/1949).

A mesma regra vale para os domingos. Assim, o trabalho realizado em domingos e feriados, não compensado, deve ser pago em dobro, sem prejuízo da remuneração pertinente ao repouso semanal (Súmula n° 146, TST).

Há empresas, portanto, que são autorizadas a funcionar em dias destinados a descanso. O art. 154, § 4°, do Decreto n° 10.854/2021, prevê que ato do Ministro do Trabalho concederá, em caráter permanente, permissão para o trabalho nos dias de repouso às atividades que se enquadrarem nas exigências técnicas, considerando os termos da Lei n° 605/1949.

Tem-se, ainda, a Lei n° 10.101/2001, cujo art. 6° autoriza o trabalho aos domingos no **comércio em geral**, exigindo-se que o descanso semanal remunerado coincida com o domingo pelo menos uma vez no período máximo de três semanas. Já o art. 6°-A permite o labor em feriados no **comércio em geral** quando houver autorização em norma coletiva. Deve-se, sempre, observar a legislação municipal.

É contrária à garantia constitucional do art. 7°, XV, da Constituição a concessão de descanso semanal remunerado depois do sétimo dia consecutivo de labor, acarretando, então, seu pagamento em dobro (OJ n° 410, SBDI-1/TST).

9

Férias

9.1 Férias

Correspondem a um período de descanso anual a ser usufruído pelo empregado, sem prejuízo da remuneração (art. 129, CLT). É direito fundamental (art. 7º, XVII, da Constituição), adquirido pelo empregado após cada período de 12 meses de vigência do contrato de trabalho. Esse lapso temporal é denominado *período aquisitivo*. As férias deverão ser concedidas nos 12 meses subsequentes à data em que o empregado adquiriu o direito correspondente. Trata-se aqui do chamado *período concessivo*.

No período aquisitivo, será computado o tempo de trabalho anterior à apresentação do empregado para serviço militar obrigatório, desde que ele compareça ao estabelecimento dentro de 90 dias da data em que se verificar a respectiva baixa (art. 132, CLT).

Completado o período aquisitivo, o empregado terá direito às férias de acordo com a proporção do número de faltas ao serviço naquele período, sendo o máximo de 30 dias corridos de férias, caso não tenha mais do que cinco faltas, e o mínimo de 12 dias corridos, quando tiver de 24 a 32 faltas (art. 130, CLT). É proibido descontar, do período de férias, as faltas do empregado ao serviço (§ 1°) e, para todos os fins, as férias são computadas como tempo de serviço (§ 2°).

Determinadas ausências do empregado não são consideradas faltas ao serviço e, portanto, não prejudicam o direito às férias.[1] Com efeito, "se as faltas já são justificadas pela lei, consideram-se como ausências legais e não serão descontadas para o cálculo do período de férias" (Súmula n° 89, TST).

Perderá o direito às férias o empregado que, no curso do período aquisitivo: deixar o emprego e não for readmitido no prazo de 60 dias a contar de sua saída; permanecer em fruição de licença, com percepção de salários, por mais de 30 dias; deixar de trabalhar, com recebimento do salário, por mais de 30 dias, em virtude de paralisação parcial ou total dos serviços da empresa, devendo a empresa comunicar ao órgão local do Ministério do Trabalho, com o mínimo de antecedência de 15 dias, as datas de início e término da paralisação e, no mesmo prazo e nos mesmos termos, comunicar ao sindicato profissional, além de afixar avisos nos respectivos locais de trabalho; ou tiver percebido da Previdência Social prestações de acidente de trabalho ou de auxílio-doença por mais de seis meses, ainda que descontínuos (art. 133, CLT). A interrupção do trabalho

---

[1] São elas: "I – nos casos referidos no art. 473; II – durante o licenciamento compulsório da empregada por motivo de maternidade ou aborto, observados os requisitos para percepção do salário-maternidade custeado pela Previdência Social; III – por motivo de acidente do trabalho ou enfermidade atestada pelo Instituto Nacional do Seguro Social – INSS, excetuada a hipótese do inciso IV do art. 133; IV – justificada pela empresa, entendendo-se como tal a que não tiver determinado o desconto do correspondente salário; V – durante a suspensão preventiva para responder a inquérito administrativo ou de prisão preventiva, quando for impronunciado ou absolvido; e VI – nos dias em que não tenha havido serviço, salvo na hipótese do inciso III do art. 133" (art. 131, CLT).

deve ser anotada na CTPS (§ 1º). E, em qualquer um desses casos, será iniciado o decurso de novo período aquisitivo quando o empregado retornar ao serviço (§ 2º).

9.2 Concessão das férias

A regra é a concessão das férias por ato do empregador, de uma só vez, no período de 12 meses subsequentes à aquisição do direito pelo empregado (art. 134, CLT), chamado, como visto, de *período concessivo*. Em caso de concordância do empregado, as férias poderão ser usufruídas em até três períodos, mas um deles não poderá ser inferior a 14 dias corridos, e os demais não poderão ser inferiores a cinco dias corridos, cada um (§ 1º). Além disso, é proibido o início das férias no período de dois dias que antecede feriado ou dia de repouso semanal remunerado (§ 2º).

A concessão das férias deverá ser comunicada, por escrito, mediante recibo, ao empregado, com antecedência mínima de 30 dias (art. 135, CLT). Antes da fruição das férias, o empregado deverá apresentar ao empregador a CTPS para a anotação correspondente (§ 1º), que também deverá ser realizada no livro ou fichas de registro de empregados (§ 2º). Tratando-se de CTPS digital, serão dispensadas as referidas anotações, mas o registro correspondente deverá ser feito nos sistemas informatizados da CTPS (§ 3º).

A época de concessão das férias deve observar os interesses do empregador (art. 136, CLT). Porém, membros de uma mesma família, que trabalhem no mesmo estabelecimento ou empresa, têm direito a gozar férias no mesmo período, caso assim o desejarem e se não resultar prejuízo ao serviço (§ 1º). Já o empregado estudante, com menos de 18 anos, tem direito à coincidência das férias com as férias escolares (§ 2º).

Sempre que as férias forem concedidas após o período concessivo, o empregador pagará em dobro a respectiva remuneração (art. 137, CLT). Isso vale também quando as férias são parcialmente gozadas depois do prazo. Com efeito, "os dias de férias gozados após o período legal de concessão deverão ser remunerados em dobro" (Súmula n° 81, TST).

Ultrapassado o período concessivo, o empregado poderá ajuizar reclamação trabalhista para pleitear a fixação, por sentença, da época de fruição das férias (art. 137, § 1°, CLT). Neste último caso, a sentença aplicará penalidade diária de 5% do salário mínimo, devida ao empregado até que seja cumprida (§ 2°), e cópia da decisão judicial transitada em julgado será remetida ao órgão local do Ministério do Trabalho, para fins de aplicação da multa administrativa (§ 3°).

Durante o gozo das férias, o empregado não poderá trabalhar para outro empregador, exceto se já estivesse obrigado a fazê-lo em razão de contrato de trabalho regularmente havido com aquele (art. 138, CLT).

9.3 Férias coletivas

As férias coletivas podem ser concedidas a todos os empregados ou apenas aos de determinados estabelecimentos ou setores da empresa (art. 139, CLT). Elas poderão ser fracionadas em dois períodos, desde que nenhum deles seja inferior a 10 dias corridos (§ 1°). Cabe ao empregador comunicar o órgão local do Ministério do Trabalho, com antecedência mínima de 15 dias, as datas de início e fim das férias coletivas, precisando quais os estabelecimentos ou setores abrangidos (§ 2°). No mesmo prazo, cópia da comunicação será enviada aos sindicatos representativos da categoria profissional, assim como providenciada a afixação de aviso nos locais de trabalho

(§ 3º). Para os empregados contratados há menos de 12 meses, usufruirão férias proporcionais, iniciando-se, então, um novo período aquisitivo (art. 140, CLT).

9.4 Remuneração e abono de férias

Por ocasião das férias, o empregado tem direito à percepção da remuneração que lhe seja devida na data de sua concessão, incluindo-se utilidades e adicionais por trabalho extraordinário, noturno, insalubre ou perigoso (art. 142, *caput*, §§ 4º e 5º, CLT), acrescida de 1/3 (art. 7º, XVII, CF).

É importante esclarecer que o "terço constitucional" não é uma parcela à parte, pois integra a própria remuneração das férias, independentemente de serem elas usufruídas ou indenizadas. Em outras palavras, "o pagamento das férias, integrais ou proporcionais, gozadas ou não, na vigência da CF/1988, sujeita-se ao acréscimo do terço previsto no respectivo art. 7º, XVII" (Súmula nº 328, TST).

O empregado tem a faculdade de converter 1/3 das férias em abono pecuniário, no valor da remuneração que lhe seria devida pelos dias correspondentes (art. 143, CLT). O requerimento do abono de férias deve ser apresentado em até 15 dias antes do fim do período aquisitivo (§ 1º). No caso de férias coletivas, a conversão das férias em abono deve ser objeto de acordo coletivo (entre empregador e sindicato profissional), independendo de requerimento individual (§ 2º).

O abono de férias não integra a remuneração para os efeitos da legislação trabalhista (art. 144, CLT).

O pagamento das férias e do abono, se houver, será efetuado até dois dias antes do início do respectivo período, mediante quitação dada pelo empregado, com indicação do início e do término das férias (art. 145, CLT). A inobservância desse prazo acarreta o pagamento em dobro da remuneração das férias, incluído o terço constitucional, ainda que usufruídas na época própria (Súmula nº 450, TST).

9.5 Efeitos da rescisão contratual

Cessado o contrato de trabalho, independentemente da causa, é devida a remuneração das férias, simples ou em dobro (incluído o terço constitucional), cujo período aquisitivo haja completado (art. 146, CLT).

Com relação ao período aquisitivo incompleto, por ocasião do término do contrato de trabalho, será devida a remuneração relativa às férias, desde que o empregado não tenha sido demitido por justa causa, na proporção de 1/12 por mês de serviço ou fração superior a 14 dias (art. 146, parágrafo único, e 147, CLT).

Assim, nas hipóteses de dispensa sem justa causa, rescisão indireta, pedido de demissão ou término normal do contrato por prazo determinado (incluído o de experiência), é devido o pagamento das férias proporcionais.

A Súmula nº 171 do TST, fazendo coro à legislação, indica: "**salvo na hipótese de dispensa do empregado por justa causa**, a extinção do contrato de trabalho sujeita o empregador ao pagamento da remuneração das férias proporcionais, ainda que incompleto o período aquisitivo de 12 (doze) meses (art. 147 da CLT)" (grifo nosso).

A Súmula nº 261 do TST explicita que: "o empregado que se demite antes de complementar 12 (doze) meses de serviço tem direito a férias proporcionais".

Mesmo quando devida após o término do contrato, a remuneração das férias terá natureza salarial em caso de falência, recuperação judicial ou encerramento da empresa (art. 148 c/c art. 449, CLT).

9.6 Prescrição

A prescrição da pretensão à concessão das férias ou ao pagamento da remuneração correspondente é contada a partir do término do prazo concessivo ou, se for o caso, da cessação do contrato de trabalho (art. 149, CLT).

10

Segurança e medicina do trabalho

10.1 Introdução

É direito fundamental dos trabalhadores urbanos e rurais a redução dos riscos inerentes ao trabalho, mediante normas de saúde, higiene e segurança (art. 7º, XXII, Constituição). Compete ao sistema único de saúde colaborar na proteção do meio ambiente, nele compreendido o do trabalho (art. 200, VIII, Constituição). Com efeito, historicamente, uma das primeiras e principais medidas sociais e trabalhistas em diversos países foi a adoção de normas tendentes a proteger os trabalhadores de sua destruição física por meio do trabalho.

Aquele direito fundamental se aperfeiçoa, entre outras medidas, por inúmeras regras no plano infraconstitucional, seja na CLT (arts. 154 a 201), seja em portarias e normas regulamentares do Ministério do Trabalho.

Além disso, no âmbito internacional, o Brasil assumiu diversos compromissos por meio da ratificação de importantes convenções da Organização Internacional do Trabalho, como as de nº 115 (proteção contra radiações ionizantes), nº 119 (proteção das máquinas), nº 148 (proteção contra os riscos oriundos da contaminação do ar, de ruído e de vibrações no local de trabalho) e nº 170 (utilização de produtos químicos no trabalho), entre outras.

10.2 Normas gerais sobre segurança e medicina do trabalho

As mais importantes, previstas na CLT, estabelecem que:[1]

- a observância, em todos os locais de trabalho, da legislação trabalhista, não desonera as empresas do cumprimento de outras disposições que sejam incluídas em códigos de obras ou regulamentos sanitários dos Estados ou Municípios em que se situem os respectivos estabelecimentos, bem como daquelas oriundas de convenções coletivas de trabalho (art. 154, CLT);
- incumbe ao empregador cumprir e fazer cumprir as normas de segurança e medicina do trabalho, orientar os empregados quanto aos cuidados para evitar acidentes do trabalho ou doenças profissionais e facilitar o exercício da fiscalização pela autoridade competente (art. 157, CLT);
- o empregado está obrigado a observar as normas de segurança e medicina do trabalho, inclusive as orientações do empregador, bem como a usar os equipamentos de proteção individual fornecidos, caracterizando falta grave a recusa injustificada (art. 158, CLT);

[1.] Em previsão de constitucionalidade duvidosa, porque retira atribuição que também vinha sendo exercida pelo Ministério Público do Trabalho, o atual Decreto nº 10.854/2021 prevê, no art. 16, que "compete exclusivamente aos Auditores-Fiscais do Trabalho do Ministério do Trabalho e Previdência, autoridades trabalhistas no exercício de suas atribuições legais, nos termos do disposto na Lei nº 10.593, de 6 de dezembro de 2002, a fiscalização do cumprimento das normas de proteção ao trabalho e de saúde e segurança no trabalho".

- nenhuma empresa pode iniciar suas atividades sem prévia inspeção, podendo a autoridade competente determinar o embargo da construção ou reforma do estabelecimento (arts. 160-161, CLT).

10.3 Normas específicas sobre segurança e ambiente de trabalho

Os arts. 170 a 188 da CLT contém regras específicas, relativas a edificações (ex.: os locais de trabalho devem ter, no mínimo, três metros de pé-direito), iluminação, conforto térmico (ou seja, ventilação), instalações elétricas, movimentação e armazenagem de materiais, requisitos de máquinas e equipamentos (ex.: dispositivos de partida e parada), caldeiras, fornos e recipientes sob pressão. Já os arts. 198 e 199 da CLT cuidam de prevenção contra a fadiga (peso máximo a ser carregado sem auxílio de tração).

10.4 Prevenção de acidentes

É obrigatória a constituição de Comissão Interna de Prevenção de Acidentes (CIPA – arts. 162 e ss, CLT). Essa comissão é regulamentada pela NR 5, da Portaria nº 8/1999, do Ministério do Trabalho, que prevê um escalonamento relativamente ao número de membros da CIPA, dependendo da atividade do empregador. Incumbe à CIPA efetuar um mapeamento dos riscos do local de trabalho, indicando os perigos físicos, químicos, biológicos e os de acidente.

10.5 Equipamentos de proteção individual

Têm por objetivo a neutralização ou redução das condições de trabalho prejudiciais à saúde do trabalhador (ex.:

luvas, óculos, cintos). É necessário que sejam aprovados pelo Ministério do Trabalho (art. 167, CLT).[2] E incumbe ao empregador fornecê-los *gratuitamente* e fiscalizar o uso.

10.6 Exames médicos e manutenção de programa de saúde, segurança e medicina do trabalho

Os exames médicos exigidos são: admissional, demissional e periódico (art. 168, CLT). A matéria é disciplinada, ainda, por normas regulamentares do Ministério do Trabalho, como a NR nº 7, que cuida do Programa de Controle Médico de Saúde Ocupacional (PCMSO). O Programa tem caráter de prevenção, identificação e diagnóstico precoce das ameaças à saúde relacionadas ao trabalho, bem como verificação de casos de doenças ou danos provocados à saúde dos trabalhadores.

A NR nº 4 do Ministério do Trabalho, por sua vez, trata da obrigatoriedade de manutenção de Serviços Especializados em Engenharia de Segurança e em Medicina do Trabalho (SESMT), com o objetivo de promoção da saúde e proteção da integridade do trabalhador no local de trabalho.

10.7 Adicional de insalubridade

Tem fundamento na Constituição (art. 7º, XXIII). Atividades insalubres são aquelas que, por sua natureza, condições ou métodos de trabalho, exponham os empregados a agentes nocivos à saúde (químicos, biológicos, físicos etc.), aci-

---

[2] O art. 30 do Decreto nº 10.854/2021 prevê que "o equipamento de proteção individual somente poderá ser comercializado com a obtenção do certificado de aprovação, nos termos do disposto no art. 167 da Consolidação das Leis do Trabalho, aprovada pelo Decreto-lei nº 5.452, de 1943, emitido pela Secretaria de Trabalho do Ministério do Trabalho e Previdência".

ma dos limites de tolerância fixados em razão da natureza e da intensidade do agente e do tempo de exposição aos seus efeitos (art. 189, CLT).

De acordo com a jurisprudência, é necessário o enquadramento da atividade, como insalubre, nas normas regulamentares do Ministério do Trabalho (art. 190, CLT). Vale conferir o item I da Súmula nº 448 do TST: "não basta a constatação da insalubridade por meio de laudo pericial para que o empregado tenha direito ao respectivo adicional, sendo necessária a classificação da atividade insalubre na relação oficial elaborada pelo Ministério do Trabalho". Hoje a matéria é disciplinada pela NR 15 do Ministério do Trabalho.

O TST, nesse sentido, entende que o exercício de atividade em céu aberto, com sujeição à radiação solar, não enseja o direito ao adicional, por falta de previsão, diferentemente do que ocorre com o labor em situação de calor acima dos limites de tolerância (Orientação Jurisprudencial nº 173, SBDI-1/TST).

A Súmula nº 448, II, do TST cuida da interpretação das normas regulamentares do Ministério do Trabalho com relação à atividade de **coleta de lixo urbano**:

> a higienização de instalações sanitárias de uso público ou coletivo de grande circulação, e a respectiva coleta de lixo, **por não se equiparar à limpeza em residências e escritórios**, enseja o pagamento de adicional de insalubridade em grau máximo, incidindo o disposto no Anexo 14 da NR-15 da Portaria do MTE nº 3.214/78 quanto à coleta e industrialização de lixo urbano. (grifo nosso)

Os efeitos pecuniários decorrentes do trabalho insalubre são devidos desde a inclusão da respectiva atividade nos quadros aprovados pelo Ministério do Trabalho, observada a prescrição (art. 196, CLT).

O direito ao adicional pode ser elidido com a eliminação ou neutralização da insalubridade, mediante a adoção de medidas que conservem o ambiente de trabalho dentro dos limites de tolerância, ou com a utilização de EPIs que diminuam a intensidade do agente agressivo aos limites de tolerância.

A eliminação do risco deve ser efetiva, ou seja, não é suficiente o mero fornecimento do EPI. Com efeito, o mero fornecimento do aparelho de proteção pelo empregador não o exime do pagamento do adicional de insalubridade, competindo-lhe tomar as medidas que conduzam à diminuição ou eliminação da nocividade, entre as quais as relativas ao *uso efetivo do equipamento pelo empregado* (Súmula nº 289, TST).

A exposição, ainda que intermitente, aos agentes insalubres, pode dar origem ao direito ao adicional de insalubridade (Súmula nº 47, TST).

A insalubridade deve ser caracterizada por meio de perícia (art. 195, CLT), de médico ou engenheiro (OJ nº 165/SBDI-1). A perícia é, portanto, obrigatória para a verificação da insalubridade. Se não for possível sua realização, como na hipótese de fechamento da empresa, poderá o julgador utilizar-se de outros meios de prova (OJ nº 278, SBDI-1/TST).

O sindicato detém legitimidade para pleitear, como substituto processual, o adicional de insalubridade (art. 195, § 2º, CLT e OJ nº 121, SBDI-1/TST).

Em juízo, vale observar a Súmula nº 293 do TST: "a verificação mediante perícia de prestação de serviços em condições nocivas, considerado agente insalubre diverso do apontado na inicial, não prejudica o pedido de adicional de insalubridade".

Como detém natureza salarial, enquanto percebido, o adicional de insalubridade integra a remuneração para todos os efeitos legais (Súmula nº 139, TST), inclusive de horas extras (OJ nº 47, SBDI-1/TST).

Uma vez eliminada a insalubridade, por meio do fornecimento de equipamentos de proteção aprovados pelo órgão competente, é excluído o pagamento do adicional (art. 194, CLT e Súmula nº 80, TST). No mesmo sentido, caso haja reclassificação ou descaracterização da atividade, pelas normas regulamentares, deve ser alterado o nível do adicional ou excluído seu pagamento (Súmula nº 248, TST).

10.7.1 Base de cálculo

A insalubridade é classificada em graus, com variação do percentual incidente sobre a base de cálculo, isto é, 40% da base de cálculo para o grau máximo, 20% para o médio e 10% para o mínimo. E a base de cálculo é o salário mínimo, consoante art. 192 da CLT,[3] salvo se houver previsão em norma coletiva de utilização de outra base de cálculo (como o piso normativo ou o salário base, por exemplo).

10.8 Adicional de periculosidade

Trata-se de direito constitucional (art. 7º, XXIII). Atividades perigosas são aquelas que, por sua natureza ou métodos de trabalho, impliquem o contato permanente, em condições de risco acentuado, com: (i) inflamáveis, (ii) explosivos,

---

[3.] A Súmula Vinculante nº 4 do STF indica que: "salvo nos casos previstos na Constituição, o salário mínimo não pode ser usado como indexador de base de cálculo de vantagem de servidor público ou de empregado, nem ser substituído por decisão judicial". No julgamento que deu origem à súmula vinculante, ficou evidente que a resolução do problema da base de cálculo é responsabilidade do Legislativo ou das partes coletivas, preservando, até a edição de norma específica ou convenção coletiva de trabalho, a base de cálculo historicamente utilizada, qual seja, o salário mínimo.

(iii) energia elétrica ou (iv) exposição a roubos ou outras violências físicas, nesse caso em atividades profissionais de segurança pessoal ou patrimonial. Também se considera perigosa a (v) atividade em motocicleta. É necessária a regulamentação pelo Ministério do Trabalho (art. 193 da CLT). Hoje a matéria é disciplinada NR nº 16 do Ministério do Trabalho.

> O adicional de periculosidade é devido quando o empregado está exposto ao risco permanentemente ou de forma intermitente. Excetua-se apenas a exposição eventual, isto é, a fortuita, ou, ainda que habitual, a que se dê por tempo extremamente reduzido (Súmula nº 364, I, TST).

Como se trata de parcela relacionada à segurança do trabalho, protegida por norma constitucional (art. 7º, XXII e XIII), não é cabível, ainda que por negociação coletiva, a redução do percentual legal nem a estipulação de pagamento proporcional ao tempo de exposição (Súmula nº 364, II, TST).

Na medida em que detém natureza salarial, o adicional de periculosidade é computado para cálculo de horas extras, não o sendo, porém, para cálculo de horas de sobreaviso (Súmula nº 132, TST).

O adicional de periculosidade compõe a base de cálculo do adicional noturno (OJ nº 259, SBDI-1/TST).

É legítimo o sindicato pleitear, como substituto processual, o adicional de periculosidade (art. 195, § 2º, CLT).

A eliminação do risco autoriza a supressão do adicional (art. 194, CLT).

A perícia é obrigatória para apuração da periculosidade (art. 195, CLT) quando decorrente do contato com inflamáveis, explosivos ou energia elétrica. Entretanto, o pagamento do adicional, ainda que por liberalidade do empregador e em percentual inferior ao legal, ou proporcionalmente ao tempo de exposição, torna incontroverso o labor em condições perigosas, dispensando a realização da perícia técnica (Súmula nº 453, TST).

10.8.1 Base de cálculo

O labor em atividade perigosa, assim prevista pelo Ministério do Trabalho, gera o direito ao adicional de 30% sobre o salário, sem os acréscimos resultantes de gratificações, prêmios ou participações nos lucros da empresa (art. 193, § 1º, CLT).

No caso dos eletricitários, a Lei nº 7.369/1985 previa o cálculo do adicional sobre todas as parcelas de natureza salarial percebidas, mas aquela norma foi revogada. O TST entende que a revogação não prejudicou o direito dos empregados que já percebiam a parcela calculada sobre a totalidade das verbas de natureza salarial, ante o princípio da irredutibilidade salarial. Vale conferir a Súmula nº 191 do TST:

> ADICIONAL DE PERICULOSIDADE. INCIDÊNCIA. BASE DE CÁLCULO
>
> I – O adicional de periculosidade incide apenas sobre o salário básico e não sobre este acrescido de outros adicionais.
>
> II – O adicional de periculosidade do empregado eletricitário, contratado sob a égide da Lei nº 7.369/1985, deve ser calculado sobre a totalidade das parcelas de natureza salarial. Não é válida norma coletiva mediante a qual se determina a incidência do referido adicional sobre o salário básico.
>
> III – A alteração da base de cálculo do adicional de periculosidade do eletricitário promovida pela Lei nº 12.740/2012 atinge somente contrato de trabalho firmado a partir de sua vigência, de modo que, nesse caso, o cálculo será realizado exclusivamente sobre o salário básico, conforme determina o § 1º do art. 193 da CLT.

10.8.2 Situações particulares analisadas pela jurisprudência trabalhista

■ os empregados que operam bomba de gasolina têm direito ao adicional de periculosidade (Súmula nº 39, TST).

■ permanência a bordo de aeronave durante o abastecimento: "os tripulantes e demais empregados em serviços auxiliares de transporte aéreo que, no momento do abastecimento da aeronave, permanecem a bordo não têm direito ao adicional de periculosidade a que aludem o art. 193 da CLT e o Anexo 2, item 1, c, da NR nº 16 do MTE" (Súmula nº 447, TST).

■ sistema elétrico de potência: grandes sistemas de geração, transmissão e distribuição de energia elétrica: "é assegurado o adicional de periculosidade apenas aos empregados que trabalham em sistema elétrico de potência em condições de risco, ou que o façam com equipamentos e instalações elétricas similares, que ofereçam risco equivalente, ainda que em unidade consumidora de energia elétrica" (OJ nº 324, SBDI-1/TST).

■ radiação ionizante: "a exposição do empregado à radiação ionizante ou à substância radioativa enseja a percepção do adicional de periculosidade, pois a regulamentação ministerial (Portarias do Ministério do Trabalho nº 3.393, de 17.12.1987, e nº 518, de 07.04.2003), ao reputar perigosa a atividade, reveste-se de plena eficácia, porquanto expedida por força de delegação legislativa contida no art. 200, caput, e inciso VI, da CLT. No período de 12.12.2002 a 06.04.2003, enquanto vigeu a Portaria nº 496 do Ministério do Trabalho, o empregado faz jus ao adicional de insalubridade" (OJ nº 345, SBDI-1/TST).

■ trabalhadores cabistas: "é devido o adicional de periculosidade aos empregados cabistas, instaladores e reparadores de linhas e aparelhos de empresas de telefonia, desde que, no exercício de suas funções, fiquem expostos a condições de risco equivalente ao do trabalho exercido em contato com sistema elétrico de potência" (OJ n° 347, SBDI-1/TST).

■ armazenamento de líquido inflamável em prédio: "é devido o pagamento do adicional de periculosidade ao empregado que desenvolve suas atividades em edifício (construção vertical), seja em pavimento igual ou distinto daquele onde estão instalados tanques para armazenamento de líquido inflamável, em quantidade acima do limite legal, considerando-se como área de risco toda a área interna da construção vertical" (OJ n° 385, SBDI-1/TST).

10.9 Cumulação dos adicionais de insalubridade e de periculosidade

Não é possível a cumulação do adicional de periculosidade com o de insalubridade, devendo o empregado optar, consoante o art. 193, § 2°, da CLT: "o empregado poderá optar pelo adicional de insalubridade que porventura lhe seja devido".

A despeito do teor das Convenções n° 148 e n° 155 da OIT,[4] o TST, em julgamento de Incidente de Recurso Repetitivo, firmou a tese de que "o art. 193, § 2°, da CLT foi recepcionado pela Constituição Federal e veda a cumulação dos adicionais de insalubridade e de periculosidade, ainda que decorrentes de fatos geradores distintos e autônomos".[5]

[4.] A Convenção n° 148 trata, como visto, proteção dos trabalhadores contra os riscos profissionais devidos à contaminação do ar, ao ruído e às vibrações no local de trabalho. A Convenção n° 155, por sua vez, cuida de segurança e saúde dos trabalhadores e o meio ambiente de trabalho.

[5.] TST-IRR-239-55.2011.5.02.0319, SBDI-1, Rel. Min. Luiz Philippe Vieira de Mello Filho, *DeJT* 15/05/2020.

10.10 Adicional de penosidade

Está previsto na Constituição (art. 7º, XXIII), ao lado dos adicionais de insalubridade e periculosidade. Porém, não foi regulamentado até o momento, o que, segundo a jurisprudência e a doutrina predominantes, impede o exercício do direito ao recebimento do adicional.

Como já decidiu o TST, "o adicional de penosidade exige regulamentação para ser implementado, seja pela via legislativa, contratual ou por negociação coletiva. Trata-se, portanto, de norma constitucional de eficácia limitada".[6]

[6.] AIRR-10323-93.2014.5.15.0143, 2ª Turma, Relatora Ministra Maria Helena Mallmann, *DeJT* 16/08/2019.

11

Prescrição e decadência

11.1 Introdução

A conceituação de prescrição e decadência é oriunda da teoria geral do direito civil. Em síntese, enquanto a prescrição diz respeito à pretensão, à exigibilidade, à ação (em sentido material), a decadência atinge o próprio direito, a faculdade de produção de efeitos jurídicos.

11.2 Prescrição no Direito do Trabalho

A Constituição estabelece dois prazos: quinquenal e bienal, sendo este último contado a partir da extinção do contrato de trabalho. Trata-se, então, de direito constitucional a ação, quanto aos créditos resultantes das relações de trabalho, com prazo prescricional de cinco anos para os trabalhadores urbanos e rurais, até o limite de dois anos após a extinção do contrato laboral (art. 7º, XXIX – redação semelhante foi dada ao art. 11 da CLT).

Uma vez respeitado o biênio sucessivo ao término contratual, a prescrição da pretensão trabalhista concerne às pretensões imediatamente anteriores a cinco anos, *contados da data do ajuizamento da reclamação*, e não às anteriores ao quinquênio da data da extinção do contrato (Súmula n° 308, I, TST).

Ou seja, *da data do ajuizamento da reclamação trabalhista, contam-se cinco anos retroativamente, delimitando-se, então, o período de pretensão não prescrita (ou período imprescrito)*. Assim, por exemplo, se uma reclamação trabalhista foi proposta em 30 de abril de 2020, o período não prescrito será de 30 de abril de 2020 a 30 de abril de 2015 – logo, as pretensões relativas ao interregno anterior a 30 de abril de 2015 estão prescritas. *Em todo caso, deve ser observado o biênio entre a extinção do contrato de trabalho e o ajuizamento da reclamação trabalhista.*

Esclareça-se, ainda, que o prazo bienal deve ser contado a partir da extinção do contrato de trabalho, *computada a projeção do aviso prévio, ainda que indenizado* (OJ n° 83, SBDI-1/TST).

A Constituição de 1988 mudou o sistema anteriormente existente. Pela redação anterior da CLT (art. 11), havia apenas o prazo de dois anos para os trabalhadores urbanos. Mas a alteração não atingiu pretensões já prescritas. Assim, a norma constitucional que ampliou o prazo de prescrição da ação trabalhista para cinco anos é de aplicação imediata e não atinge pretensões já alcançadas pela prescrição bienal quando da promulgação da Constituição de 1988 (Súmula n° 308, II, TST).

Em sua redação original, a Constituição manteve a distinção entre trabalhadores urbanos e rurais. Porém, a Emenda Constitucional n° 28/2000 unificou os prazos. A inovação, contudo, não poderia ter efeitos retroativos, de maneira que, com relação aos trabalhadores rurais, a prescrição quinquenal incide apenas a partir de 26/05/2005 (ou seja, cinco anos após a promulgação da Emenda Constitucional nº 28/2000). Por isso, não há prescrição total ou parcial da pretensão do trabalhador rural que reclama direitos relativos a contrato de trabalho que estava em curso à época da promulgação da Emenda Constitucional nº 28, de 26/05/2000, desde que proposta a ação trabalhista no prazo de cinco anos de sua publicação, observada a prescrição bienal (OJ nº 417, SBDI-1/TST).

Com relação à pretensão *aos depósitos do FGTS*, o art. 23, § 5º, da Lei nº 8.036/1990 estabelecia prazo prescricional de 30 anos. Entretanto, o Supremo Tribunal Federal, no julgamento do ARE 709.212/DF, reputou inconstitucional esse prazo. O pronunciamento vale, contudo, apenas para as pretensões surgidas após a publicação da decisão. Cabe conferir, a respeito, a Súmula nº 362 do TST:

> FGTS. PRESCRIÇÃO (nova redação) – Res. 198/2015, republicada em razão de erro material – *DeJT* divulgado em 12, 15 e 16/06/2015
>
> I – Para os casos em que a ciência da lesão ocorreu a partir de 13/11/2014, é quinquenal a prescrição do direito de reclamar contra o não recolhimento de contribuição para o FGTS, observado o prazo de dois anos após o término do contrato;
>
> II – Para os casos em que o prazo prescricional já estava em curso em 13/11/2014, aplica-se o prazo prescricional que se consumar primeiro: trinta anos, contados do termo inicial, ou cinco anos, a partir de 13/11/2014 (STF-ARE-709212/DF).[1]

É importante esclarecer que a prescrição da pretensão concernente às verbas remuneratórias alcança o respectivo recolhimento dos depósitos para o FGTS (Súmula nº 206, TST).

[1.] A Lei nº 13.932/2019 conferiu nova redação ao art. 23, § 5º, da Lei nº 8.036/1990, excluindo a previsão do prazo prescricional de 30 anos.

11.3 Interrupção, impedimento e suspensão do prazo prescricional

Além das hipóteses de impedimento, suspensão e interrupção, previstas no Código Civil (arts. 197 a 204) e aplicáveis às relações trabalhistas, no que couber, há também algumas regras específicas na legislação laboral.

Com efeito, a CLT contém uma previsão de causa impeditiva da prescrição, no art. 440: "contra os menores de 18 (dezoito) anos não corre nenhum prazo de prescrição". Essa regra é aplicável quando o trabalhador é menor de idade (se o menor for herdeiro de trabalhador falecido, incidem os preceitos correspondentes do Código Civil).

Tem-se a suspensão do prazo prescricional trabalhista a partir da provocação da Comissão de Conciliação Prévia, recomeçando a fluir, pelo que restar, a partir da tentativa frustrada de conciliação ou do esgotamento do prazo de 10 dias que a lei prevê para a realização da tentativa de conciliação (art. 625-G, CLT).

Também há a suspensão do prazo prescricional com a apresentação de petição, na Justiça do Trabalho, de homologação de acordo extrajudicial, relativamente aos direitos especificados na petição. Transitada em julgado a decisão que negar a homologação do acordo, o prazo prescricional volta a fluir (art. 855-E, CLT).

> Observe-se que a suspensão do contrato de trabalho, decorrente da percepção de auxílio-doença ou de aposentadoria por invalidez, não impede a fluência da prescrição quinquenal – ou seja, não suspende esse prazo –, ressalvada a hipótese de absoluta impossibilidade de acesso ao Poder Judiciário (OJ n° 375, SBDI-1/TST).

O ajuizamento da reclamação trabalhista, ainda que ela venha a ser arquivada, acarreta a interrupção da prescrição com relação aos pedidos idênticos (Súmula n° 268, TST).

A teor do art. 11, § 3°, da CLT (inserido pela Lei n° 13.467/2017), "a interrupção da prescrição **somente** ocorrerá pelo ajuizamento de reclamação trabalhista, mesmo que em juízo incompetente, ainda que venha a ser extinta sem resolução do mérito, produzindo efeitos apenas em relação aos pedidos idênticos" (grifo nosso).

Porém, segundo a legislação civil, a prescrição pode ser interrompida por protesto e por qualquer interessado (arts. 202, II, e 203, CCB).

Com efeito, antes da modificação do art. 11 da CLT, a jurisprudência já havia o entendimento de que o protesto judicial é medida aplicável no Processo do Trabalho (arts. 769 da CLT e 15 do CPC) e o ajuizamento da ação de protesto é suficiente para interromper o prazo prescricional (OJ n° 392, SBDI-1/TST).

Além disso, o sindicato profissional tem legitimidade para ajuizar protesto, na condição de substituto processual, com fundamento no art. 8°, III, da Constituição de 1988 ("ao sindicato cabe a defesa dos direitos e interesses coletivos ou individuais da categoria, inclusive em questões judiciais ou administrativas"). Em outras palavras, a ação proposta por sindicato, na qualidade de substituto processual, interrompe a prescrição, ainda que a entidade tenha sido considerada parte ilegítima *ad causam* (OJ n° 359, SBDI-1/TST).

Esses dois entendimentos ficam prejudicados diante do art. 11, § 3°, da CLT – salvo se sobrevier posicionamento quanto à inconstitucionalidade desse dispositivo, o que é possível diante da potencial incongruência com o princípio do acesso à justiça (art. 5°, XXXV, Constituição).

11.4 Prescrição na ação declaratória

Como regra, a pretensão de natureza declaratória não está sujeita à prescrição. Assim, por exemplo, o pedido de reconhecimento do vínculo de emprego pode ser deduzido a qualquer tempo. Por isso, as regras sobre prescrição não são aplicáveis às ações que tenham por objeto anotações para fins de prova junto à Previdência Social (art. 11, § 1º, CLT).

Entretanto, se houver pretensão de natureza declaratória cumulada com de natureza condenatória, a primeira é imprescritível e a segunda se submete à regra do art. 7º, XXIX, da Constituição (prazo prescricional de cinco anos, observado o biênio a contar da extinção do contrato de trabalho, se houver).

Em caso de pretensão à soma de períodos descontínuos de trabalho, o prazo prescricional é contado do último contrato (Súmula nº 156, TST).

11.5 Prescrição parcial e prescrição total

A essência da distinção está hoje consubstanciada na Súmula nº 294 do TST: "tratando-se de ação que envolva pedido de prestações sucessivas decorrente de alteração do pactuado, a prescrição é total, exceto quando o direito à parcela esteja também assegurado por preceito de lei".

Alguns exemplos específicos da jurisprudência são os seguintes:

- equiparação salarial – prescrição parcial: "na ação de equiparação salarial, a prescrição é parcial e só alcança as diferenças salariais vencidas no período de 5 (cinco) anos que precedeu o ajuizamento" (Súmula nº 6, IX, TST).
- desvio de função – prescrição parcial: "na ação que objetive corrigir desvio funcional, a prescrição só alcança as diferenças salariais vencidas no período de 5 (cinco) anos que precedeu o ajuizamento" (Súmula nº 275, I, TST).

- reenquadramento – prescrição total: "em se tratando de pedido de reenquadramento, a prescrição é total, contada da data do enquadramento do empregado" (Súmula nº 275, II, TST).

- comissões – prescrição total: "a supressão das comissões, ou a alteração quanto à forma ou ao percentual, em prejuízo do empregado, é suscetível de operar a prescrição total da ação, nos termos da Súmula nº 294 do TST, em virtude de cuidar-se de parcela não assegurada por preceito de lei" (OJ nº 175, SBDI-1/TST).

A jurisprudência do TST também indicava ser parcial a prescrição nas hipóteses de descumprimento do contrato, pois, nesse caso, também haveria renovação da violação ao direito. Assim, tratando-se de pedido de pagamento de diferenças salariais resultantes da inobservância dos critérios de promoção estabelecidos em plano de cargos e salários estabelecido pela empresa empregadora, a prescrição aplicável é a parcial, pois a lesão é sucessiva e se renova mês a mês (Súmula nº 452, TST).

Mas a Lei nº 13.467/2017 alterou o art. 11 da CLT, inserindo o § 2º, com a seguinte redação: "tratando-se de pretensão que envolva pedido de prestações sucessivas decorrente de alteração **ou descumprimento do pactuado**, a prescrição é total, exceto quando o direito à parcela esteja também assegurado por preceito de lei" (grifo nosso). Ou seja, então, também na hipótese prevista na Súmula nº 452 do TST, a prescrição aplicável é a total.

11.6 Momento de arguição da prescrição

A prescrição deve ser arguida até a instância ordinária (Súmula nº 153). Entende-se oportuna a arguição feita até o recurso ordinário (próprio ou adesivo).

11.7 Prescrição intercorrente

É a prescrição incidente entre o trânsito em julgado da sentença proferida na fase de conhecimento e o exercício da pretensão executiva.

No Processo do Trabalho, a prescrição intercorrente tem o prazo de dois anos, e sua fluência se inicia quando o exequente deixa de cumprir determinação judicial no curso da execução. A declaração da prescrição intercorrente pode ser requerida ou declarada de ofício em qualquer grau de jurisdição (art. 11-A, CLT).[2]

11.8 Prescrição de ofício

A pronúncia de ofício da prescrição, com base no art. 487, II, do CPC, é inaplicável ao Processo do Trabalho. O TST já decidiu, a propósito, que "não cabe o pronunciamento da prescrição de ofício pelo juiz, em face da incompatibilidade do art. 487, II, do CPC/2015 com os princípios que norteiam o direito do trabalho, incumbindo à parte interessada arguir a prescrição no momento oportuno, consoante a diretriz da Súmula nº 153 do TST".[3]

11.9 Decadência no Direito do Trabalho

É instituto bastante raro no Direito do Trabalho. O exemplo mais citado é o prazo de 30 dias de que dispõe o empregador para apresentar reclamação de instauração do inquérito

---

[2.] O dispositivo foi inserido pela Lei nº 13.467/2017, ficando superado entendimento da Súmula nº 114 do TST de que "é inaplicável na Justiça do Trabalho a prescrição intercorrente".

[3.] RR-2245-24.2012.5.02.0085, 2ª Turma, Relatora Ministra Delaíde Miranda Arantes, *DeJT* 04/10/2019.

para apuração de falta grave, a contar da data da suspensão do empregado (art. 853, CLT).

O STF firmou, há bastante tempo, o entendimento de que se trata de prazo decadencial (Súmula n° 403). No mesmo sentido, o TST entende que o *prazo de decadência* do direito do empregador de ajuizar inquérito diante do empregado que incorre em abandono de emprego é contado do momento em que o empregado pretende o retorno ao serviço (Súmula n° 62, TST).

Referências

BARROS, Alice Monteiro. *Curso de Direito do Trabalho*. São Paulo: LTr, 2008.

DELGADO, Gabriela Neves. *A reforma trabalhista no Brasil – com os comentários à Lei n. 13.467/2017*. São Paulo: LTr, 2017.

DELGADO, Maurício Godinho. *Curso de Direito do Trabalho*. São Paulo: LTr, 2019.

SILVA, Sayonara Grillo Coutinho Leonardo da. *Relações coletivas de trabalho*. São Paulo: LTr, 2008.

SÜSSEKIND, Arnaldo; MARANHÃO, Délio; VIANNA, Segadas; TEIXEIRA FILHO, João de Lima. *Instituições de Direito do Trabalho*. São Paulo: LTr, 2003. v. 1.